Psalms

온 가족 시편 따라쓰기

(73~150편)

제 2 권

시작한 날 : 년 월 일

끝마친 날 : 년 월 일

❖ 왼쪽면을 따라쓰실 때 반을 접어서 쓰시면 훨씬 수월합니다.

1. 시편의 명칭

영어로 시편(Psalms) 이라는 명칭은 칠십 인역에서 나왔다. 원래의 명칭은 하프, 수금과 같은 현악기들을 지칭한다.

히브리어는 "테힐림"이라는 명칭이 붙어 있다. 이 말은 '찬양'이라는 뜻을 말한다.

2. 시편의 저자

모두 일곱 명으로 볼 수 있다. 다윗 73편, 아삽 12편, 고라의 자손 11편, 솔로몬 2편, 모세 1편, 에스라인 헤만 1편, 에스라인 에단 1편

3. 기록 연대

통상 다섯 편으로 구분되는데, 1권은 다윗 사후 솔로몬에 의해, 2권 고라 자손에 의해, 3권은 히스기야 시대의 아삽에 의해, 4권, 5권은 에스라와 느헤미야에 의해 이루어졌으며, 최종 합본은 에스라 시대로 추정된다.

4. 기본 구성

시편의 구성은 모세오경의 유형을 갖추었다.

제1권은 창세기와 대응하며, 인간에 대한 것이며,

제2권은 출애굽기와 대응하며, 구원에 대한 것이다.

제3권은 레위기와 대응하며, 성전에 관한 것이며,

제4권은 민수기와 대응하며, 방황과 불신에 관한 것이며,

제5권은 신명기와 대응하며, 말씀에 대한 것이다.

5. 시편의 목적

시편은 우리에게 있어서 하나님과의 올바른 관계를 유지하게끔 하는 신앙 지침서요, 신앙 고백서이며, 기도의 안내자 역할을 하는 책이다.

6. 시편의 특징

시편은 가장 많은 저작자들에 의해 쓰여졌으며 예배 시 찬양이나 기도 혹은 낭독으로서 이루어진 믿음의 표현들을 기록했으며 특히 시편은 메시야에 관한 뛰어난 예언서의 속성을 지니고 있어서 신약성경에서 가장 많은 부분을 인용하고 있다.

7. 내용 분류

Ⅰ. 제1권(10~41편)

무명의 시(1, 2, 10, 33편), 다윗의 시(3~9, 11~32, 34~43)

Ⅱ. 제2권(42~72)

고라 자손의 시(42, 44~49편), 무명의 시(43, 66, 67, 71편), 아삽의 시(50 편), 다윗의 시(51~65, 68~70편), 솔로몬의 시(72편)

Ⅲ. 제3권(73~89편)

아삽의 시(73~83편), 고라 자손의 시(84, 85, 87, 88편), 다윗의 시(86편), 에단에 마스길의 시(89편)

Ⅳ. 제4권(90~106편)

모세의 시(90편), 무명의 시(91~100,102,104~106편), 다윗의 시(101,103)

Ⅴ. 제5권(107~150편)

무명의 시(107, 111~119, 135~137편), 다윗의 시(108~110, 138~145편), 성전에 올라가는 노래(120~134편), 할렐루야 시(146~150편)

년 월 일 요일

시편
제 삼권(73-89편)

73

[아삽의 시]

1 하나님이 참으로 이스라엘 중 마음
이 정결한 자에게 선을 행하시나
2 나는 거의 넘어질 뻔하였고 나의 걸음이 미끄
러질 뻔하였으니
3 이는 내가 악인의 형통함을 보고 오만한 자를
질투하였음이로다
4 그들은 죽을 때에도 고통이 없고 그 힘이 강
건하며
5 사람들이 당하는 고난이 그들에게는 없고 사
람들이 당하는 재앙도 그들에게는 없나니
6 그러므로 교만이 그들의 목걸이요 강포가 그
들의 옷이며
7 살찜으로 그들의 눈이 솟아나며 그들의 소득
은 마음의 소원보다 많으며

강포(시 73:6) : 우악스럽고 사나움 단어풀이

년 월 일 요일

8 그들은 능욕하며 악하게 말하며 높은 데서 거
만하게 말하며
9 그들의 입은 하늘에 두고 그들의 혀는 땅에
두루 다니도다
10 그러므로 그의 백성이 이리로 돌아와서 잔에
가득한 물을 다 마시며
11 말하기를 하나님이 어찌 알랴 지존자에게 지
식이 있으랴 하는도다
12 볼지어다 이들은 악인들이라도 항상 평안하
고 재물은 더욱 불어나도다
13 내가 내 마음을 깨끗하게 하며 내 손을 씻어
무죄하다 한 것이 실로 헛되도다
14 나는 종일 재난을 당하며 아침마다 징벌을 받
았도다
15 내가 만일 스스로 이르기를 내가 그들처럼 말
하리라 하였더라면 나는 주의 아들들의 세대
에 대하여 악행을 행하였으리이다

단어풀이 능욕(시 73:8) : 남을 업신여겨 욕보임 | 징벌(시 73:14) : 지은 죄에 대하여 벌을 줌

16 내가 어찌면 이를 알까 하여 생각한즉 그것이
내게 심한 고통이 되었더니
17 하나님의 성소에 들어갈 때에야 그들의 종말
을 내가 깨달았나이다
18 주께서 참으로 그들을 미끄러운 곳에 두시며
파멸에 던지시니
19 그들이 어찌하여 그리 갑자기 황폐되었는가
놀랄 정도로 그들은 전멸하였나이다
20 주여 사람이 깬 후에는 꿈을 무시함 같이 주
께서 깨신 후에는 그들의 형상을 멸시하시리
이다
21 내 마음이 산란하며 내 양심이 찔렸나이다
22 내가 이같이 우매 무지함으로 주 앞에 짐승이
오나
23 내가 항상 주와 함께 하니 주께서 내 오른손을
붙드셨나이다
24 주의 교훈으로 나를 인도하시고 후에는 영광

황폐(시 73:19) : 거칠어져 못 쓰게 됨 단어풀이

으로 나를 영접하시리니
25 하늘에서는 주 외에 누가 내게 있으리요 땅에
서는 주 밖에 내가 사모할 이 없나이다
26 내 육체와 마음은 쇠약하나 하나님은 내 마음
의 반석이시요 영원한 분깃이시라
27 무릇 주를 멀리하는 자는 망하리니 음녀 같이
주를 떠난 자를 주께서 다 멸하셨나이다
28 하나님께 가까이 함이 내게 복이라 내가 주
여호와를 나의 피난처로 삼아 주의 모든 행적
을 전파하리이다

74 [아삽의 마스길]

1 하나님이여 주께서 어찌하여 우리
를 영원히 버리시나이까 어찌하여 주께서 기
르시는 양을 향하여 진노의 연기를 뿜으시나
이까
2 옛적부터 얻으시고 속량하사 주의 기업의 지

단어풀이 분깃(시 73:26) : 재산의 한몫을 유산으로 나누어 주는 일

년 월 일 요일

파로 삼으신 주의 회중을 기억하시며 주께서
계시던 시온 산도 생각하소서
3 영구히 파멸된 곳을 향하여 주의 발을 옮겨 놓
으소서 원수가 성소에서 모든 악을 행하였나
이다
4 주의 대적이 주의 회중 가운데에서 떠들며 자
기들의 깃발을 세워 표적으로 삼았으니
5 그들은 마치 도끼를 들어 삼림을 베는 사람 같
으니이다
6 이제 그들이 도끼와 철퇴로 성소의 모든 조각
품을 쳐서 부수고
7 주의 성소를 불사르며 주의 이름이 계신 곳을
더럽혀 땅에 엎었나이다
8 그들이 마음속으로 이르기를 우리가 그들을
진멸하자 하고 이 땅에 있는 하나님의 모든 회
당을 불살랐나이다
9 우리의 표적은 보이지 아니하며 선지자도 더

철퇴(시 74:6) : 쇠로 만든 몽둥이 단어풀이

년 월 일 요일

이상 없으며 이런 일이 얼마나 오랠는지 우리
중에 아는 자도 없나이다
10 하나님이여 대적이 언제까지 비방하겠으며
원수가 주의 이름을 영원히 능욕하리이까
11 주께서 어찌하여 주의 손 곧 주의 오른손을
거두시나이까 주의 품에서 손을 빼내시어 그
들을 멸하소서
12 하나님은 예로부터 나의 왕이시라 사람에게
구원을 베푸셨나이다
13 주께서 주의 능력으로 바다를 나누시고 물 가
운데 용들의 머리를 깨뜨리셨으며
14 리워야단의 머리를 부수시고 그것을 사막에
사는 자에게 음식물로 주셨으며
15 주께서 바위를 쪼개어 큰 물을 내시며 주께서
늘 흐르는 강들을 마르게 하셨나이다
16 낮도 주의 것이요 밤도 주의 것이라 주께서
빛과 해를 마련하셨으며

단어풀이 리워야단(시 74:14) : 꼬불꼬불한 뱀(참조 사 27:1)

년 월 일 요일

17 주께서 땅의 경계를 정하시며 주께서 여름과
겨울을 만드셨나이다
18 여호와여 이것을 기억하소서 원수가 주를 비
방하며 우매한 백성이 주의 이름을 능욕하였
나이다
19 주의 멧비둘기의 생명을 들짐승에게 주지 마
시며 주의 가난한 자의 목숨을 영원히 잊지 마
소서
20 그 언약을 눈여겨 보소서 무릇 땅의 어두운 곳
에 포악한 자의 처소가 가득하나이다
21 학대 받은 자가 부끄러이 돌아가게 하지 마시
고 가난한 자와 궁핍한 자가 주의 이름을 찬
송하게 하소서
22 하나님이여 일어나 주의 원통함을 푸시고 우매
한 자가 종일 주를 비방하는 것을 기억하소서
23 주의 대적들의 소리를 잊지 마소서 일어나 주
께 항거하는 자의 떠드는 소리가 항상 주께 상

항거(시 74:23) : 옳지 않은 것에 순종하지 않고 맞서서 반항함 단어풀이

달되나이다

75

[아삽의 시, 인도자를 따라 '알다스헷'에 맞춘 노래]

1 하나님이여 우리가 주께 감사하고
감사함은 주의 이름이 가까움이라 사람들이
주의 기이한 일들을 전파하나이다
2 주의 말씀이 내가 정한 기약이 이르면 내가
바르게 심판하리니
3 땅의 기둥은 내가 세웠거니와 땅과 그 모든
주민이 소멸되리라 하시도다(셀라)
4 내가 오만한 자들에게 오만하게 행하지 말라
하며 악인들에게 뿔을 들지 말라 하였노니
5 너희 뿔을 높이 들지 말며 교만한 목으로 말
하지 말지어다
6 무릇 높이는 일이 동쪽에서나 서쪽에서 말미암
지 아니하며 남쪽에서도 말미암지 아니하고
7 오직 재판장이신 하나님이 이를 낮추시고 저

단어풀이 기약(시 75:2) : 때를 정하여 약속함

를 높이시느니라
8 여호와의 손에 잔이 있어 술 거품이 일어나는
도다 속에 섞은 것이 가득한 그 잔을 하나님이
쏟아 내시나니 실로 그 찌꺼기까지도 땅의 모
든 악인이 기울여 마시리로다
9 나는 야곱의 하나님을 영원히 선포하며 찬양
하며
10 또 악인들의 뿔을 다 베고 의인의 뿔은 높이
들리로다

76 [아삽의 시, 인도자를 따라 현악에 맞춘 노래]

1 하나님은 유다에 알려지셨으며 그
의 이름이 이스라엘에 알려지셨도다
2 그의 장막은 살렘에 있음이여 그의 처소는 시
온에 있도다
3 거기에서 그가 화살과 방패와 칼과 전쟁을 없
이하셨도다(셀라)

처소(시 76:2) : 사람이 살거나 임시로 머무는 곳 단어풀이

4 주는 약탈한 산에서 영화로우시며 존귀하시
도다
5 마음이 강한 자도 가진 것을 빼앗기고 잠에
빠질 것이며 장사들도 모두 그들에게 도움을
줄 손을 만날 수 없도다
6 야곱의 하나님이여 주께서 꾸짖으시매 병거
와 말이 다 깊이 잠들었나이다
7 주께서는 경외 받을 이시니 주께서 한 번 노
하실 때에 누가 주의 목전에 서리이까
8 주께서 하늘에서 판결을 선포하시매 땅이 두
려워 잠잠하였나니
9 곧 하나님이 땅의 모든 온유한 자를 구원하시
려고 심판하러 일어나신 때에로다(셀라)
10 진실로 사람의 노여움은 주를 찬송하게 될 것
이요 그 남은 노여움은 주께서 금하시리이다
11 너희는 여호와 너희 하나님께 서원하고 갚으
라 사방에 있는 모든 사람도 마땅히 경외할

단어풀이 약탈(시 76:4) : 남의 재물 등을 폭력을 써서 억지로 빼앗음

이에게 예물을 드릴지로다
12 그가 고관들의 기를 꺾으시리니 그는 세상의
왕들에게 두려움이시로다

77

[아삽의 시, 인도자를 따라 여두둔의 법칙에 따라 부르는 노래]

1 내가 내 음성으로 하나님께 부르짖
으리니 내 음성으로 하나님께 부르짖으면 내
게 귀를 기울이시리로다
2 나의 환난 날에 내가 주를 찾았으며 밤에는 내
손을 들고 거두지 아니하였나니 내 영혼이 위
로 받기를 거절하였도다
3 내가 하나님을 기억하고 불안하여 근심하니
내 심령이 상하도다(셀라)
4 주께서 내가 눈을 붙이지 못하게 하시니 내가
괴로워 말할 수 없나이다
5 내가 옛날 곧 지나간 세월을 생각하였사오며
6 밤에 부른 노래를 내가 기억하여 내 심령으로,

고관(시 76:12) : 직위가 높은 사람 단어풀이

년 월 일 요일

내가 내 마음으로 간구하기를

7 주께서 영원히 버리실까, 다시는 은혜를 베풀
지 아니하실까,

8 그의 인자하심은 영원히 끝났는가, 그의 약속
하심도 영구히 폐하였는가,

9 하나님이 그가 베푸실 은혜를 잊으셨는가, 노
하심으로 그가 베푸실 긍휼을 그치셨는가 하
였나이다(셀라)

10 또 내가 말하기를 이는 나의 잘못이라 지존자
의 오른손의 해

11 곧 여호와의 일들을 기억하며 주께서 옛적에
행하신 기이한 일을 기억하리이다

12 또 주의 모든 일을 작은 소리로 읊조리며 주
의 행사를 낮은 소리로 되뇌이리이다

13 하나님이여 주의 도는 극히 거룩하시오니 하
나님과 같이 위대하신 신이 누구오니이까

14 주는 기이한 일을 행하신 하나님이시라 민족

단어풀이 읊조리다(시 77:12) : 뜻을 생각하며 감정이나 억양을 넣어 낮은 목소리로 읽거나 암기함

들 중에 주의 능력을 알리시고
15 주의 팔로 주의 백성 곧 야곱과 요셉의 자손을
속량하셨나이다(셀라)
16 하나님이여 물들이 주를 보았나이다 물들이
주를 보고 두려워하며 깊음도 진동하였고
17 구름이 물을 쏟고 궁창이 소리를 내며 주의 화
살도 날아갔나이다
18 회오리바람 중에 주의 우렛소리가 있으며 번
개가 세계를 비추며 땅이 흔들리고 움직였나
이다
19 주의 길이 바다에 있었고 주의 곧은 길이 큰 물
에 있었으나 주의 발자취를 알 수 없었나이다
20 주의 백성을 양 떼 같이 모세와 아론의 손으로
인도하셨나이다

78

[아삽의 마스길]

1 내 백성이여, 내 율법을 들으며 내

우렛소리(시 77:18) : 천둥이 치는 소리 단어풀이

년 월 일 요일

입의 말에 귀를 기울일지어다
2 내가 입을 열어 비유로 말하며 예로부터 감추
어졌던 것을 드러내려 하니
3 이는 우리가 들어서 아는 바요 우리의 조상들
이 우리에게 전한 바라
4 우리가 이를 그들의 자손에게 숨기지 아니하
고 여호와의 영예와 그의 능력과 그가 행하신
기이한 사적을 후대에 전하리로다
5 여호와께서 증거를 야곱에게 세우시며 법도
를 이스라엘에게 정하시고 우리 조상들에게
명령하사 그들의 자손에게 알리라 하셨으니
6 이는 그들로 후대 곧 태어날 자손에게 이를
알게 하고 그들은 일어나 그들의 자손에게 일
러서
7 그들로 그들의 소망을 하나님께 두며 하나님
께서 행하신 일을 잊지 아니하고 오직 그의
계명을 지켜서

단어풀이 사적(시 78:4) : 일의 실적이나 공적

년 월 일 요일

8 그들의 조상들 곧 완고하고 패역하여 그들의
마음이 정직하지 못하며 그 심령이 하나님께
충성하지 아니하는 세대와 같이 되지 아니하
게 하려 하심이로다
9 에브라임 자손은 무기를 갖추며 활을 가졌으
나 전쟁의 날에 물러갔도다
10 그들이 하나님의 언약을 지키지 아니하고 그
의 율법 준행을 거절하며
11 여호와께서 행하신 것과 그들에게 보이신 그
의 기이한 일을 잊었도다
12 옛적에 하나님이 애굽 땅 소안 들에서 기이한
일을 그들의 조상들의 목전에서 행하셨으되
13 그가 바다를 갈라 물을 무더기 같이 서게 하시
고 그들을 지나가게 하셨으며
14 낮에는 구름으로, 밤에는 불빛으로 인도하셨
으며
15 광야에서 반석을 쪼개시고 매우 깊은 곳에서

완고(시 78:8) : 융통성이 없고 고집이 셈 단어풀이

년 월 일 요일

나오는 물처럼 흡족하게 마시게 하셨으며
16 또 바위에서 시내를 내사 물이 강 같이 흐르
게 하셨으나
17 그들은 계속해서 하나님께 범죄하여 메마른
땅에서 지존자를 배반하였도다
18 그들이 그들의 탐욕대로 음식을 구하여 그들
의 심중에 하나님을 시험하였으며
19 그뿐 아니라 하나님을 대적하여 말하기를 하
나님이 광야에서 식탁을 베푸실 수 있으랴
20 보라 그가 반석을 쳐서 물을 내시니 시내가
넘쳤으나 그가 능히 떡도 주시며 자기 백성을
위하여 고기도 예비하시랴 하였도다
21 그러므로 여호와께서 듣고 노하셨으며 야곱
에게 불 같이 노하셨고 또한 이스라엘에게 진
노가 불타 올랐으니
22 이는 하나님을 믿지 아니하며 그의 구원을 의
지하지 아니한 때문이로다

단어풀이 탐욕(시 78:18) : 지나치게 탐하며 욕심을 냄

23 그러나 그가 위의 궁창을 명령하시며 하늘 문
을 여시고
24 그들에게 만나를 비 같이 내려 먹이시며 하늘
양식을 그들에게 주셨나니
25 사람이 힘센 자의 떡을 먹었으며 그가 음식을
그들에게 충족히 주셨도다
26 그가 동풍을 하늘에서 일게 하시며 그의 권능
으로 남풍을 인도하시고
27 먼지처럼 많은 고기를 비 같이 내리시고 나는
새를 바다의 모래 같이 내리셨도다
28 그가 그것들을 그들의 진중에 떨어지게 하사
그들의 거처에 두르셨으므로
29 그들이 먹고 심히 배불렀나니 하나님이 그들
의 원대로 그들에게 주셨도다
30 그러나 그들이 그들의 욕심을 버리지 아니하
여 그들의 먹을 것이 아직 그들의 입에 있을
때에

충족(시 78:25) : 모자람이 없이 충분하게 채워줌 단어풀이

년 월 일 요일

31 하나님이 그들에게 노염을 나타내사 그들 중
강한 자를 죽이시며 이스라엘의 청년을 쳐 엎
드러뜨리셨도다
32 이러함에도 그들은 여전히 범죄하여 그의 기
이한 일들을 믿지 아니하였으므로
33 하나님이 그들의 날들을 헛되이 보내게 하시며
그들의 햇수를 두려움으로 보내게 하셨도다
34 하나님이 그들을 죽이실 때에 그들이 그에게
구하며 돌이켜 하나님을 간절히 찾았고
35 하나님이 그들의 반석이시며 지존하신 하나
님이 그들의 구속자이심을 기억하였도다
36 그러나 그들이 입으로 그에게 아첨하며 자기
혀로 그에게 거짓을 말하였으니
37 이는 하나님께 향하는 그들의 마음이 정함이
없으며 그의 언약에 성실하지 아니하였음이
로다
38 오직 하나님은 긍휼하시므로 죄악을 덮어 주

단어풀이 노염(시 78:31) : 화가 날 만큼 섭섭하고 분한 감정

시어 멸망시키지 아니하시고 그의 진노를 여
러 번 돌이키시며 그의 모든 분을 다 쏟아 내
지 아니하셨으니
39 그들은 육체이며 가고 다시 돌아오지 못하는
바람임을 기억하셨음이라
40 그들이 광야에서 그에게 반항하며 사막에서
그를 슬프시게 함이 몇 번인가
41 그들이 돌이켜 하나님을 거듭거듭 시험하며
이스라엘의 거룩하신 이를 노엽게 하였도다
42 그들이 그의 권능의 손을 기억하지 아니하며
대적에게서 그들을 구원하신 날도 기억하지
아니하였도다
43 그 때에 하나님이 애굽에서 그의 표적들을, 소
안 들에서 그의 징조들을 나타내사
44 그들의 강과 시내를 피로 변하여 그들로 마실
수 없게 하시며
45 쇠파리 떼를 그들에게 보내어 그들을 물게 하

소안(시 78:43) : 애굽 델라 북동부에 있는 옛도시 단어풀이

시고 개구리를 보내어 해하게 하셨으며
46 그들의 토산물을 황충에게 주셨고 그들이 수
고한 것을 메뚜기에게 주셨으며
47 그들의 포도나무를 우박으로, 그들의 뽕나무
를 서리로 죽이셨으며
48 그들의 가축을 우박에, 그들의 양 떼를 번갯
불에 넘기셨으며
49 그의 맹렬한 노여움과 진노와 분노와 고난 곧
재앙의 천사들을 그들에게 내려보내셨으며
50 그는 진노로 길을 닦으사 그들의 목숨이 죽음
을 면하지 못하게 하시고 그들의 생명을 전염
병에 붙이셨으며
51 애굽에서 모든 장자 곧 함의 장막에 있는 그
들의 기력의 처음 것을 치셨으나
52 그가 자기 백성은 양 같이 인도하여 내시고
광야에서 양 떼 같이 지도하셨도다
53 그들을 안전히 인도하시니 그들은 두려움이

단어풀이 맹렬한(시 78:49) : 몹시 사납고 세찬

년 월 일 요일

없었으나 그들의 원수는 바다에 빠졌도다
54 그들을 그의 성소의 영역 곧 그의 오른손으로
만드신 산으로 인도하시고
55 또 나라를 그들의 앞에서 쫓아내시며 줄을 쳐
서 그들의 소유를 분배하시고 이스라엘의 지
파들이 그들의 장막에 살게 하셨도다
56 그러나 그들은 지존하신 하나님을 시험하고
반항하여 그의 명령을 지키지 아니하며
57 그들의 조상들 같이 배반하고 거짓을 행하여
속이는 활 같이 빗나가서
58 자기 산당들로 그의 노여움을 일으키며 그들
의 조각한 우상들로 그를 진노하게 하였으매
59 하나님이 들으시고 분내어 이스라엘을 크게
미워하사
60 사람 가운데 세우신 장막 곧 실로의 성막을 떠
나시고
61 그가 그의 능력을 포로에게 넘겨 주시며 그의

산당(시 78:58) : 높은 장소에 세워놓은 야외 제단(주로 가나안의 풍요 신들을 섬기기 위함) 단어풀이

영광을 대적의 손에 붙이시고
62 그가 그의 소유 때문에 분내사 그의 백성을
칼에 넘기셨으니
63 그들의 청년은 불에 살라지고 그들의 처녀들
은 혼인 노래를 들을 수 없었으며
64 그들의 제사장들은 칼에 엎드러지고 그들의
과부들은 애곡도 하지 못하였도다
65 그 때에 주께서 잠에서 깨어난 것처럼, 포도
주를 마시고 고함치는 용사처럼 일어나사
66 그의 대적들을 쳐 물리쳐서 영원히 그들에게
욕되게 하셨도다
67 또 요셉의 장막을 버리시며 에브라임 지파를
택하지 아니하시고
68 오직 유다 지파와 그가 사랑하시는 시온 산을
택하시며
69 그의 성소를 산의 높음 같이, 영원히 두신 땅
같이 지으셨도다

단어풀이 애곡(시 78:64) : 슬퍼하여 큰 소리를 내어 욺

70 또 그의 종 다윗을 택하시되 양의 우리에서 취
하시며
71 젖 양을 지키는 중에서 그들을 이끌어 내사 그
의 백성인 야곱, 그의 소유인 이스라엘을 기르
게 하셨더니
72 이에 그가 그들을 자기 마음의 완전함으로 기
르고 그의 손의 능숙함으로 그들을 지도하였
도다

79

[아삽의 시]

1 하나님이여 이방 나라들이 주의 기
업의 땅에 들어와서 주의 성전을 더럽히고 예
루살렘이 돌무더기가 되게 하였나이다
2 그들이 주의 종들의 시체를 공중의 새에게 밥으
로, 주의 성도들의 육체를 땅의 짐승에게 주며
3 그들의 피를 예루살렘 사방에 물 같이 흘렸으
나 그들을 매장하는 자가 없었나이다

매장(시 79:3) : 시신이나 뼈를 땅에 묻음 단어풀이

년 월 일 요일

4 우리는 우리 이웃에게 비방 거리가 되며 우리
를 에워싼 자에게 조소와 조롱 거리가 되었나
이다
5 여호와여 어느 때까지니이까 영원히 노하시
리이까 주의 질투가 불붙듯 하시리이까
6 주를 알지 아니하는 민족들과 주의 이름을 부르
지 아니하는 나라들에게 주의 노를 쏟으소서
7 그들이 야곱을 삼키고 그의 거처를 황폐하게
함이니이다
8 우리 조상들의 죄악을 기억하지 마시고 주의
긍휼로 우리를 속히 영접하소서 우리가 매우
가련하게 되었나이다
9 우리 구원의 하나님이여 주의 이름의 영광스
러운 행사를 위하여 우리를 도우시며 주의 이
름을 증거하기 위하여 우리를 건지시며 우리
죄를 사하소서
10 이방 나라들이 어찌하여 그들의 하나님이 어

단어풀이 조소(시 79:4) : 남을 깔보고 놀리어 웃음

디 있느냐 말하나이까 주의 종들이 피 흘림에
대한 복수를 우리의 목전에서 이방 나라에게
보여 주소서
11 갇힌 자의 탄식을 주의 앞에 이르게 하시며 죽
이기로 정해진 자도 주의 크신 능력을 따라 보
존하소서
12 주여 우리 이웃이 주를 비방한 그 비방을 그들
의 품에 칠 배나 갚으소서
13 우리는 주의 백성이요 주의 목장의 양이니 우
리는 영원히 주께 감사하며 주의 영예를 대대
에 전하리이다

80

[아삽의 시, 인도자를 따라 소산님에둣에 맞춘 노래]

1 요셉을 양 떼 같이 인도하시는 이스
라엘의 목자여 귀를 기울이소서 그룹 사이에
좌정하신 이여 빛을 비추소서
2 에브라임과 베냐민과 므낫세 앞에서 주의 능

탄식(시 79:11) : 원통한 일에 대하여 한숨을 내쉼 단어풀이

력을 나타내사 우리를 구원하러 오소서
3 하나님이여 우리를 돌이키시고 주의 얼굴빛
을 비추사 우리가 구원을 얻게 하소서
4 만군의 하나님 여호와여 주의 백성의 기도에
대하여 어느 때까지 노하시리이까
5 주께서 그들에게 눈물의 양식을 먹이시며 많
은 눈물을 마시게 하셨나이다
6 우리를 우리 이웃에게 다툼 거리가 되게 하시
니 우리 원수들이 서로 비웃나이다
7 만군의 하나님이여 우리를 회복하여 주시고
주의 얼굴의 광채를 비추사 우리가 구원을 얻
게 하소서
8 주께서 한 포도나무를 애굽에서 가져다가 민
족들을 쫓아내시고 그것을 심으셨나이다
9 주께서 그 앞서 가꾸셨으므로 그 뿌리가 깊이
박혀서 땅에 가득하며
10 그 그늘이 산들을 가리고 그 가지는 하나님의

단어풀이 광채(시 80:7) : 찬란한 빛

년 월 일 요일

백향목 같으며

11 그 가지가 바다까지 뻗고 넝쿨이 강까지 미쳤
거늘

12 주께서 어찌하여 그 담을 허시사 길을 지나가
는 모든 이들이 그것을 따게 하셨나이까

13 숲 속의 멧돼지들이 상해하며 들짐승들이 먹
나이다

14 만군의 하나님이여 구하옵나니 돌아오소서 하
늘에서 굽어보시고 이 포도나무를 돌보소서

15 주의 오른손으로 심으신 줄기요 주를 위하여
힘있게 하신 가지니이다

16 그것이 불타고 베임을 당하며 주의 면책으로
말미암아 멸망하오니

17 주의 오른쪽에 있는 자 곧 주를 위하여 힘있게
하신 인자에게 주의 손을 얹으소서

18 그리하시면 우리가 주에게서 물러가지 아니
하오리니 우리를 소생하게 하소서 우리가 주

상해(시 80:13) : 상처를 내어서 해를 입힘 I 면책(시 80:16) : 마주 대하여 꾸짖음 단어풀이

의 이름을 부르리이다
19 만군의 하나님 여호와여 우리를 돌이켜 주시
고 주의 얼굴의 광채를 우리에게 비추소서 우
리가 구원을 얻으리이다

81

[아삽의 시, 인도자를 따라 깃딧에 맞춘 노래]

1 우리의 능력이 되시는 하나님을 향
하여 기쁘게 노래하며 야곱의 하나님을 향하
여 즐거이 소리칠지어다
2 시를 읊으며 소고를 치고 아름다운 수금에 비
파를 아우를지어다
3 초하루와 보름과 우리의 명절에 나팔을 불지
어다
4 이는 이스라엘의 율례요 야곱의 하나님의 규
례로다
5 하나님이 애굽 땅을 치러 나아가시던 때에 요
셉의 족속 중에 이를 증거로 세우셨도다 거기

단어풀이 소고(시 81:2) : 크기가 조그만 북 | 아우르다(시 81:2) : 모아서 하나가 되게 하다

년 월 일 요일

서 내가 알지 못하던 말씀을 들었나니
6 이르시되 내가 그의 어깨에서 짐을 벗기고 그
의 손에서 광주리를 놓게 하였도다
7 네가 고난 중에 부르짖으매 내가 너를 건졌고
우렛소리의 은밀한 곳에서 네게 응답하며 므
리바 물 가에서 너를 시험하였도다(셀라)
8 내 백성이여 들으라 내가 네게 증언하리라 이
스라엘이여 내게 듣기를 원하노라
9 너희 중에 다른 신을 두지 말며 이방 신에게
절하지 말지어다
10 나는 너를 애굽 땅에서 인도하여 낸 여호와 네
하나님이니 네 입을 크게 열라 내가 채우리라
하였으나
11 내 백성이 내 소리를 듣지 아니하며 이스라엘
이 나를 원하지 아니하였도다
12 그러므로 내가 그의 마음을 완악한 대로 버려
두어 그의 임의대로 행하게 하였도다

광주리(시 81:6) : 싸리나 버들 따위로 엮어 만든 바구니 단어풀이

년 월 일 요일

13 내 백성아 내 말을 들으라 이스라엘아 내 도
를 따르라
14 그리하면 내가 속히 그들의 원수를 누르고 내
손을 돌려 그들의 대적들을 치리니
15 여호와를 미워하는 자는 그에게 복종하는 체
할지라도 그들의 시대는 영원히 계속되리라
16 또 내가 기름진 밀을 그들에게 먹이며 반석에서
나오는 꿀로 너를 만족하게 하리라 하셨도다

82

[아삽의 시]

1 하나님은 신들의 모임 가운데에 서
시며 하나님은 그들 가운데에서 재판하시느
니라
2 너희가 불공평한 판단을 하며 악인의 낯 보기
를 언제까지 하려느냐(셀라)
3 가난한 자와 고아를 위하여 판단하며 곤란한
자와 빈궁한 자에게 공의를 베풀지며

단어풀이 빈궁한(시 82:3) : 가난하고 어려운

4 가난한 자와 궁핍한 자를 구원하여 악인들의
손에서 건질지니라 하시는도다
5 그들은 알지도 못하고 깨닫지도 못하여 흑암
중에 왕래하니 땅의 모든 터가 흔들리도다
6 내가 말하기를 너희는 신들이며 다 지존자의
아들들이라 하였으나
7 그러나 너희는 사람처럼 죽으며 고관의 하나
같이 넘어지리로다
8 하나님이여 일어나사 세상을 심판하소서 모
든 나라가 주의 소유이기 때문이니이다

83

[아삽의 시 곧 노래]

1 하나님이여 침묵하지 마소서 하나
님이여 잠잠하지 마시고 조용하지 마소서
2 무릇 주의 원수들이 떠들며 주를 미워하는 자
들이 머리를 들었나이다
3 그들이 주의 백성을 치려 하여 간계를 꾀하며

간계(시 83:3) : 간사하고 교활한 꾀 단어풀이

년 월 일 요일

주께서 숨기신 자를 치려고 서로 의논하여
4 말하기를 가서 그들을 멸하여 다시 나라가 되
지 못하게 하여 이스라엘의 이름으로 다시는
기억되지 못하게 하자 하나이다
5 그들이 한마음으로 의논하고 주를 대적하여
서로 동맹하니
6 곧 에돔의 장막과 이스마엘인과 모압과 하갈
인이며
7 그발과 암몬과 아말렉이며 블레셋과 두로 사
람이요
8 앗수르도 그들과 연합하여 롯 자손의 도움이
되었나이다(셀라)
9 주는 미디안인에게 행하신 것 같이, 기손 시
내에서 시스라와 야빈에게 행하신 것 같이 그
들에게도 행하소서
10 그들은 엔돌에서 패망하여 땅에 거름이 되었
나이다

단어풀이 패망(시 83:10) : 싸움에서 져서 망함

년 월 일 요일

11 그들의 귀인들이 오렙과 스엡 같게 하시며 그
들의 모든 고관들은 세바와 살문나와 같게 하
소서

12 그들이 말하기를 우리가 하나님의 목장을 우
리의 소유로 취하자 하였나이다

13 나의 하나님이여 그들이 굴러가는 검불 같게
하시며 바람에 날리는 지푸라기 같게 하소서

14 삼림을 사르는 불과 산에 붙는 불길 같이

15 주의 광풍으로 그들을 쫓으시며 주의 폭풍으
로 그들을 두렵게 하소서

16 여호와여 그들의 얼굴에 수치가 가득하게 하
사 그들이 주의 이름을 찾게 하소서

17 그들로 수치를 당하여 영원히 놀라게 하시며
낭패와 멸망을 당하게 하사

18 여호와라 이름하신 주만 온 세계의 지존자로
알게 하소서

검불(시 83:13) : 마른 나뭇가지 단어풀이

년 월 일 요일

84

[고라 자손의 시, 인도자를 따라 깃딧에 맞춘 노래]

1 만군의 여호와여 주의 장막이 어찌
그리 사랑스러운지요
2 내 영혼이 여호와의 궁정을 사모하여 쇠약함
이여 내 마음과 육체가 살아 계시는 하나님께
부르짖나이다
3 나의 왕, 나의 하나님, 만군의 여호와여 주의
제단에서 참새도 제 집을 얻고 제비도 새끼
둘 보금자리를 얻었나이다
4 주의 집에 사는 자들은 복이 있나니 그들이
항상 주를 찬송하리이다(셀라)
5 주께 힘을 얻고 그 마음에 시온의 대로가 있
는 자는 복이 있나이다
6 그들이 눈물 골짜기로 지나갈 때에 그 곳에
많은 샘이 있을 것이며 이른 비가 복을 채워
주나이다
7 그들은 힘을 얻고 더 얻어 나아가 시온에서

단어풀이 궁정(시 84:2) : 임금이 거처하는 집

하나님 앞에 각기 나타나리이다
8 만군의 하나님 여호와여 내 기도를 들으소서
야곱의 하나님이여 귀를 기울이소서(셀라)
9 우리 방패이신 하나님이여 주께서 기름 부으
신 자의 얼굴을 살펴 보옵소서
10 주의 궁정에서의 한 날이 다른 곳에서의 천 날
보다 나은즉 악인의 장막에 사는 것보다 내 하
나님의 성전 문지기로 있는 것이 좋사오니
11 여호와 하나님은 해요 방패이시라 여호와께서
은혜와 영화를 주시며 정직하게 행하는 자에
게 좋은 것을 아끼지 아니하실 것임이니이다
12 만군의 여호와여 주께 의지하는 자는 복이 있
나이다

85

[고라 자손의 시, 인도자를 따라 부르는 노래]

1 여호와여 주께서 주의 땅에 은혜를 베
푸사 야곱의 포로 된 자들이 돌아오게 하셨으며

영화(시 84:11) : 귀하게 되어 이름이 세상에 드러나고 빛남 단어풀이

2 주의 백성의 죄악을 사하시고 그들의 모든 죄
를 덮으셨나이다(셀라)
3 주의 모든 분노를 거두시며 주의 진노를 돌이
키셨나이다
4 우리 구원의 하나님이여 우리를 돌이키시고
우리에게 향하신 주의 분노를 거두소서
5 주께서 우리에게 영원히 노하시며 대대에 진
노하시겠나이까
6 주께서 우리를 다시 살리사 주의 백성이 주를
기뻐하도록 하지 아니하시겠나이까
7 여호와여 주의 인자하심을 우리에게 보이시
며 주의 구원을 우리에게 주소서
8 내가 하나님 여호와께서 하실 말씀을 들으리
니 무릇 그의 백성, 그의 성도들에게 화평을
말씀하실 것이라 그들은 다시 어리석은 데로
돌아가지 말지로다
9 진실로 그의 구원이 그를 경외하는 자에게 가

단어풀이 화평(시 35:8) : 충돌이나 다툼이 없이 평화로움

까우니 영광이 우리 땅에 머무르리이다
10 인애와 진리가 같이 만나고 의와 화평이 서로
입맞추었으며
11 진리는 땅에서 솟아나고 의는 하늘에서 굽어
보도다
12 여호와께서 좋은 것을 주시리니 우리 땅이 그
산물을 내리로다
13 의가 주의 앞에 앞서 가며 주의 길을 닦으리
로다

86 [다윗의 기도]

1 여호와여 나는 가난하고 궁핍하오
니 주의 귀를 기울여 내게 응답하소서
2 나는 경건하오니 내 영혼을 보존하소서 내 주
하나님이여 주를 의지하는 종을 구원하소서
3 주여 내게 은혜를 베푸소서 내가 종일 주께 부
르짖나이다

인애(시 85:10) : 어진 마음으로 남을 사랑함 단어풀이

4 주여 내 영혼이 주를 우러러보오니 주여 내
영혼을 기쁘게 하소서
5 주는 선하사 사죄하기를 즐거워하시며 주께
부르짖는 자에게 인자함이 후하심이니이다
6 여호와여 나의 기도에 귀를 기울이시고 내가
간구하는 소리를 들으소서
7 나의 환난 날에 내가 주께 부르짖으리니 주께
서 내게 응답하시리이다
8 주여 신들 중에 주와 같은 자 없사오며 주의
행하심과 같은 일도 없나이다
9 주여 주께서 지으신 모든 민족이 와서 주의 앞
에 경배하며 주의 이름에 영광을 돌리리이다
10 무릇 주는 위대하사 기이한 일들을 행하시오
니 주만이 하나님이시니이다
11 여호와여 주의 도를 내게 가르치소서 내가 주
의 진리에 행하오리니 일심으로 주의 이름을
경외하게 하소서

단어풀이 기이한(시 86:10) : 이상하고 묘한

년 월 일 요일

12 주 나의 하나님이여 내가 전심으로 주를 찬송하
고 영원토록 주의 이름에 영광을 돌리오리니
13 이는 내게 향하신 주의 인자하심이 크사 내 영
혼을 깊은 스올에서 건지셨음이니이다
14 하나님이여 교만한 자들이 일어나 나를 치고
포악한 자의 무리가 내 영혼을 찾았사오며 자
기 앞에 주를 두지 아니하였나이다
15 그러나 주여 주는 긍휼히 여기시며 은혜를 베
푸시며 노하기를 더디하시며 인자와 진실이
풍성하신 하나님이시오니
16 내게로 돌이키사 내게 은혜를 베푸소서 주의
종에게 힘을 주시고 주의 여종의 아들을 구원
하소서
17 은총의 표적을 내게 보이소서 그러면 나를 미
워하는 그들이 보고 부끄러워하오리니 여호
와여 주는 나를 돕고 위로하시는 이시니이다

은총(시 86:17) : 특별한 은혜와 사랑 단어풀이

87 [고라 자손의 시 곧 노래]

1 그의 터전이 성산에 있음이여
2 여호와께서 야곱의 모든 거처보다 시온의 문
들을 사랑하시는도다
3 하나님의 성이여 너를 가리켜 영광스럽다 말
하는도다(셀라)
4 나는 라합과 바벨론이 나를 아는 자 중에 있
다 말하리라 보라 블레셋과 두로와 구스여 이
것들도 거기서 났다 하리로다
5 시온에 대하여 말하기를 이 사람, 저 사람이
거기서 났다고 말하리니 지존자가 친히 시온
을 세우리라 하는도다
6 여호와께서 민족들을 등록하실 때에는 그 수
를 세시며 이 사람이 거기서 났다 하시리로다
(셀라)
7 노래하는 자와 뛰어 노는 자들이 말하기를 나
의 모든 근원이 네게 있다 하리로다

단어풀이 터전(시 87:1) : 생활의 근거지가 되는 곳

년 월 일 요일

88 [고라 자손의 찬송 시 곧 에스라인 헤만의 마스길, 인도자를 따라 마할랏르안놋에 맞춘 노래]

1 여호와 내 구원의 하나님이여 내가
주야로 주 앞에서 부르짖었사오니
2 나의 기도가 주 앞에 이르게 하시며 나의 부르
짖음에 주의 귀를 기울여 주소서
3 무릇 나의 영혼에는 재난이 가득하며 나의 생
명은 스올에 가까웠사오니
4 나는 무덤에 내려가는 자 같이 인정되고 힘없
는 용사와 같으며
5 죽은 자 중에 던져진 바 되었으며 죽임을 당하
여 무덤에 누운 자 같으니이다 주께서 그들을
다시 기억하지 아니하시니 그들은 주의 손에
서 끊어진 자니이다
6 주께서 나를 깊은 웅덩이와 어둡고 음침한 곳
에 두셨사오며
7 주의 노가 나를 심히 누르시고 주의 모든 파도

음침한(시 88:6) : 어두컴컴하고 으스스한 단어풀이

년 월 일 요일

가 나를 괴롭게 하셨나이다(셀라)
8 주께서 내가 아는 자를 내게서 멀리 떠나게 하
시고 나를 그들에게 가증한 것이 되게 하셨사
오니 나는 갇혀서 나갈 수 없게 되었나이다
9 곤란으로 말미암아 내 눈이 쇠하였나이다 여
호와여 내가 매일 주를 부르며 주를 향하여
나의 두 손을 들었나이다
10 주께서 죽은 자에게 기이한 일을 보이시겠나이
까 유령들이 일어나 주를 찬송하리이까(셀라)
11 주의 인자하심을 무덤에서, 주의 성실하심을
멸망 중에서 선포할 수 있으리이까
12 흑암 중에서 주의 기적과 잊음의 땅에서 주의
공의를 알 수 있으리이까
13 여호와여 오직 내가 주께 부르짖었사오니 아
침에 나의 기도가 주의 앞에 이르리이다
14 여호와여 어찌하여 나의 영혼을 버리시며 어
찌하여 주의 얼굴을 내게서 숨기시나이까

15 내가 어릴 적부터 고난을 당하여 죽게 되었사오
며 주께서 두렵게 하실 때에 당황하였나이다
16 주의 진노가 내게 넘치고 주의 두려움이 나를
끊었나이다
17 이런 일이 물 같이 종일 나를 에우며 함께 나
를 둘러쌌나이다
18 주는 내게서 사랑하는 자와 친구를 멀리 떠나
게 하시며 내가 아는 자를 흑암에 두셨나이다

89

[에스라인 에단의 마스길]

1 내가 여호와의 인자하심을 영원히
노래하며 주의 성실하심을 내 입으로 대대에
알게 하리이다
2 내가 말하기를 인자하심을 영원히 세우시며
주의 성실하심을 하늘에서 견고히 하시리라
하였나이다
3 주께서 이르시되 나는 내가 택한 자와 언약을

흑암(시 88:18) : 매우 껌껌하고 어두움 단어풀이

년 월 일 요일

맺으며 내 종 다윗에게 맹세하기를
4 내가 네 자손을 영원히 견고히 하며 네 왕위
를 대대에 세우리라 하셨나이다(셀라)
5 여호와여 주의 기이한 일을 하늘이 찬양할 것
이요 주의 성실도 거룩한 자들의 모임 가운데
에서 찬양하리이다
6 무릇 구름 위에서 능히 여호와와 비교할 자 누구
며 신들 중에서 여호와와 같은 자 누구리이까
7 하나님은 거룩한 자의 모임 가운데에서 매우
무서워할 이시오며 둘러 있는 모든 자 위에
더욱 두려워할 이시니이다
8 여호와 만군의 하나님이여 주와 같이 능력 있
는 이가 누구리이까 여호와여 주의 성실하심
이 주를 둘렀나이다
9 주께서 바다의 파도를 다스리시며 그 파도가
일어날 때에 잔잔하게 하시나이다
10 주께서 라합을 죽임 당한 자 같이 깨뜨리시고

단어풀이 라합(시 39:10) : 애굽을 가리킴

년 월 일 요일

주의 원수를 주의 능력의 팔로 흩으셨나이다
11 하늘이 주의 것이요 땅도 주의 것이라 세계와
그 중에 충만한 것을 주께서 건설하셨나이다
12 남북을 주께서 창조하셨으니 다볼과 헤르몬
이 주의 이름으로 말미암아 즐거워하나이다
13 주의 팔에 능력이 있사오며 주의 손은 강하고
주의 오른손은 높이 들리우셨나이다
14 의와 공의가 주의 보좌의 기초라 인자함과 진
실함이 주 앞에 있나이다
15 즐겁게 소리칠 줄 아는 백성은 복이 있나니 여호
와여 그들이 주의 얼굴 빛 안에서 다니리로다
16 그들은 종일 주의 이름 때문에 기뻐하며 주의
공의로 말미암아 높아지오니
17 주는 그들의 힘의 영광이심이라 우리의 뿔이
주의 은총으로 높아지오리니
18 우리의 방패는 여호와께 속하였고 우리의 왕
은 이스라엘의 거룩한 이에게 속하였기 때문

이니이다
19 그 때에 주께서 환상 중에 주의 성도들에게
말씀하여 이르시기를 내가 능력 있는 용사에
게는 돕는 힘을 더하며 백성 중에서 택함 받
은 자를 높였으되
20 내가 내 종 다윗을 찾아내어 나의 거룩한 기
름을 그에게 부었도다
21 내 손이 그와 함께 하여 견고하게 하고 내 팔
이 그를 힘이 있게 하리로다
22 원수가 그에게서 강탈하지 못하며 악한 자가
그를 곤고하게 못하리로다
23 내가 그의 앞에서 그 대적들을 박멸하며 그를
미워하는 자들을 치려니와
24 나의 성실함과 인자함이 그와 함께 하리니 내
이름으로 말미암아 그의 뿔이 높아지리로다
25 내가 또 그의 손을 바다 위에 놓으며 오른손
을 강들 위에 놓으리니

단어풀이 강탈(시 89:22) : 남의 재물을 강제로 빼앗음

년 월 일 요일

26 그가 내게 부르기를 주는 나의 아버지시요 나
의 하나님이시요 나의 구원의 바위시라 하리
로다
27 내가 또 그를 장자로 삼고 세상 왕들에게 지존
자가 되게 하며
28 그를 위하여 나의 인자함을 영원히 지키고 그
와 맺은 나의 언약을 굳게 세우며
29 또 그의 후손을 영구하게 하여 그의 왕위를 하
늘의 날과 같게 하리로다
30 만일 그의 자손이 내 법을 버리며 내 규례대로
행하지 아니하며
31 내 율례를 깨뜨리며 내 계명을 지키지 아니하면
32 내가 회초리로 그들의 죄를 다스리며 채찍으
로 그들의 죄악을 벌하리로다
33 그러나 나의 인자함을 그에게서 다 거두지는
아니하며 나의 성실함도 폐하지 아니하며
34 내 언약을 깨뜨리지 아니하고 내 입술에서 낸

장자(시 89:27) : 맨 먼저 낳은 아들(큰 아들) 단어풀이

것은 변하지 아니하리로다
35 내가 나의 거룩함으로 한 번 맹세하였은즉 다
윗에게 거짓말을 하지 아니할 것이라
36 그의 후손이 장구하고 그의 왕위는 해 같이
내 앞에 항상 있으며
37 또 궁창의 확실한 증인인 달 같이 영원히 견
고하게 되리라 하셨도다(셀라)
38 그러나 주께서 주의 기름 부음 받은 자에게
노하사 물리치셔서 버리셨으며
39 주의 종의 언약을 미워하사 그의 관을 땅에
던져 욕되게 하셨으며
40 그의 모든 울타리를 파괴하시며 그 요새를 무
너뜨리셨으므로
41 길로 지나가는 자들에게 다 탈취를 당하며 그
의 이웃에게 욕을 당하나이다
42 주께서 그의 대적들의 오른손을 높이시고 그
들의 모든 원수들은 기쁘게 하셨으나

단어풀이 장구(시 89:36) : 매우 길고 오래감

43 그의 칼날은 둔하게 하사 그가 전장에서 더 이
상 버티지 못하게 하셨으며
44 그의 영광을 그치게 하시고 그의 왕위를 땅에
엎으셨으며
45 그의 젊은 날들을 짧게 하시고 그를 수치로 덮
으셨나이다(셀라)
46 여호와여 언제까지니이까 스스로 영원히 숨
기시리이까 주의 노가 언제까지 불붙듯 하시
겠나이까
47 나의 때가 얼마나 짧은지 기억하소서 주께서
모든 사람을 어찌 그리 허무하게 창조하셨는
지요
48 누가 살아서 죽음을 보지 아니하고 자기의 영
혼을 스올의 권세에서 건지리이까(셀라)
49 주여 주의 성실하심으로 다윗에게 맹세하신
그 전의 인자하심이 어디 있나이까
50 주는 주의 종들이 받은 비방을 기억하소서 많

비방(시 89:50) : 남을 헐뜯고 비난하여 말함 단어풀이

은 민족의 비방이 내 품에 있사오니
51 여호와여 이 비방은 주의 원수들이 주의 기름
부음 받은 자의 행동을 비방한 것이로소이다
52 여호와를 영원히 찬송할지어다 아멘 아멘
여호와의 인자하심이 충만하도다

시편
제 사권(90-106편)

90 [하나님의 사람 모세의 기도]

1 주여 주는 대대에 우리의 거처가 되
셨나이다
2 산이 생기기 전, 땅과 세계도 주께서 조성하
시기 전 곧 영원부터 영원까지 주는 하나님이
시니이다

단어풀이 거처(시 90:1) : 일정한 곳에 자리를 잡고 머무름

년 월 일 요일

3 주께서 사람을 티끌로 돌아가게 하시고 말씀하
시기를 너희 인생들은 돌아가라 하셨사오니
4 주의 목전에는 천 년이 지나간 어제 같으며 밤
의 한 순간 같을 뿐임이니이다
5 주께서 그들을 홍수처럼 쓸어가시나이다 그
들은 잠깐 자는 것 같으며 아침에 돋는 풀 같
으니이다
6 풀은 아침에 꽃이 피어 자라다가 저녁에는 시
들어 마르나이다
7 우리는 주의 노에 소멸되며 주의 분내심에 놀
라나이다
8 주께서 우리의 죄악을 주의 앞에 놓으시며 우
리의 은밀한 죄를 주의 얼굴 빛 가운데에 두
셨사오니
9 우리의 모든 날이 주의 분노 중에 지나가며 우
리의 평생이 순식간에 다하였나이다
10 우리의 연수가 칠십이요 강건하면 팔십이라

연수(시 90:10) : 인간의 수명 단어풀이

도 그 연수의 자랑은 수고와 슬픔뿐이요 신속
히 가니 우리가 날아가나이다
11 누가 주의 노여움의 능력을 알며 누가 주의
진노의 두려움을 알리이까
12 우리에게 우리 날 계수함을 가르치사 지혜로
운 마음을 얻게 하소서
13 여호와여 돌아오소서 언제까지니이까 주의
종들을 불쌍히 여기소서
14 아침에 주의 인자하심이 우리를 만족하게 하
사 우리를 일생 동안 즐겁고 기쁘게 하소서
15 우리를 괴롭게 하신 날수대로와 우리가 화를
당한 연수대로 우리를 기쁘게 하소서
16 주께서 행하신 일을 주의 종들에게 나타내시
며 주의 영광을 그들의 자손에게 나타내소서
17 주 우리 하나님의 은총을 우리에게 내리게 하
사 우리의 손이 행한 일을 우리에게 견고하게
하소서

단어풀이 계수(시 90:12) : 수를 헤아림

91

1 지존자의 은밀한 곳에 거주하며 전
능자의 그늘 아래에 사는 자여,
2 나는 여호와를 향하여 말하기를 그는 나의 피
난처요 나의 요새요 내가 의뢰하는 하나님이
라 하리니
3 이는 그가 너를 새 사냥꾼의 올무에서와 심한
전염병에서 건지실 것임이로다
4 그가 너를 그의 깃으로 덮으시리니 네가 그의
날개 아래에 피하리로다 그의 진실함은 방패
와 손 방패가 되시나니
5 너는 밤에 찾아오는 공포와 낮에 날아드는 화
살과
6 어두울 때 퍼지는 전염병과 밝을 때 닥쳐오는
재앙을 두려워하지 아니하리로다
7 천 명이 네 왼쪽에서, 만 명이 네 오른쪽에서
엎드러지나 이 재앙이 네게 가까이 하지 못하
리로다

올무(시 91:3) : 새나 짐승을 잡는 데 쓰는 올가미 단어풀이

년　월　일　요일

8 오직 너는 똑똑히 보리니 악인들의 보응을 네
가 보리로다
9 네가 말하기를 여호와는 나의 피난처시라 하
고 지존자를 너의 거처로 삼았으므로
10 화가 네게 미치지 못하며 재앙이 네 장막에 가
까이 오지 못하리니
11 그가 너를 위하여 그의 천사들을 명령하사 네
모든 길에서 너를 지키게 하심이라
12 그들이 그들의 손으로 너를 붙들어 발이 돌에
부딪히지 아니하게 하리로다
13 네가 사자와 독사를 밟으며 젊은 사자와 뱀을
발로 누르리로다
14 하나님이 이르시되 그가 나를 사랑한즉 내가
그를 건지리라 그가 내 이름을 안즉 내가 그
를 높이리라
15 그가 내게 간구하리니 내가 그에게 응답하리
라 그들이 환난 당할 때에 내가 그와 함께 하

단어풀이 보응(시 91:8) : 선한 일과 악한 일이 그 원인과 결과에 따라 갚음을 받음

년 월 일 요일

여 그를 건지고 영화롭게 하리라
16 내가 그를 장수하게 함으로 그를 만족하게 하
며 나의 구원을 그에게 보이리라 하시도다

92

[안식일의 찬송 시]

1-3 지존자여 십현금과 비파와 수금
으로 여호와께 감사하며 주의 이름을 찬양하
고 아침마다 주의 인자하심을 알리며 밤마다
주의 성실하심을 베풂이 좋으니이다
4 여호와여 주께서 행하신 일로 나를 기쁘게 하
셨으니 주의 손이 행하신 일로 말미암아 내가
높이 외치리이다
5 여호와여 주께서 행하신 일이 어찌 그리 크신
지요 주의 생각이 매우 깊으시니이다
6 어리석은 자도 알지 못하며 무지한 자도 이를
깨닫지 못하나이다
7 악인들은 풀 같이 자라고 악을 행하는 자들은

십현금(시 92:1) : 줄이 세 개인 거문고 단어풀이

다 흥왕할지라도 영원히 멸망하리이다
8 여호와여 주는 영원토록 지존하시니이다
9 여호와여 주의 원수들은 패망하리이다 정녕
주의 원수들은 패망하리니 죄악을 행하는 자
들은 다 흩어지리이다
10 그러나 주께서 내 뿔을 들소의 뿔 같이 높이셨
으며 내게 신선한 기름을 부으셨나이다
11 내 원수들이 보응 받는 것을 내 눈으로 보며
일어나 나를 치는 행악자들이 보응 받는 것을
내 귀로 들었도다
12 의인은 종려나무 같이 번성하며 레바논의 백
향목 같이 성장하리로다
13 이는 여호와의 집에 심겼음이여 우리 하나님
의 뜰 안에서 번성하리로다
14 그는 늙어도 여전히 결실하며 진액이 풍족하
고 빛이 청청하니
15 여호와의 정직하심과 나의 바위 되심과 그에

단어풀이 흥왕(시 92:7) : 번창하고 왕성함

게는 불의가 없음이 선포되리로다

93

1 여호와께서 다스리시니 스스로 권
위를 입으셨도다 여호와께서 능력
의 옷을 입으시며 띠를 띠셨으므로 세계도 견
고히 서서 흔들리지 아니하는도다
2 주의 보좌는 예로부터 견고히 섰으며 주는 영
원부터 계셨나이다
3 여호와여 큰 물이 소리를 높였고 큰 물이 그 소
리를 높였으니 큰 물이 그 물결을 높이나이다
4 높이 계신 여호와의 능력은 많은 물 소리와
바다의 큰 파도보다 크니이다
5 여호와여 주의 증거들이 매우 확실하고 거룩
함이 주의 집에 합당하니 여호와는 영원무궁
하시리이다

영원무궁(시 93:5) : 영원하여 끝이 없음 단어풀이

년 월 일 요일

94

1 여호와여 복수하시는 하나님이여
복수하시는 하나님이여 빛을 비추
어 주소서
2 세계를 심판하시는 주여 일어나사 교만한 자
들에게 마땅한 벌을 주소서
3 여호와여 악인이 언제까지, 악인이 언제까지
개가를 부르리이까
4 그들이 마구 지껄이며 오만하게 떠들며 죄악
을 행하는 자들이 다 자만하나이다
5 여호와여 그들이 주의 백성을 짓밟으며 주의
소유를 곤고하게 하며
6 과부와 나그네를 죽이며 고아들을 살해하며
7 말하기를 여호와가 보지 못하며 야곱의 하나
님이 알아차리지 못하리라 하나이다
8 백성 중의 어리석은 자들아 너희는 생각하라
무지한 자들아 너희가 언제나 지혜로울까
9 귀를 지으신 이가 듣지 아니하시랴 눈을 만드

단어풀이 개가(시 94:3) : 싸움에 이기고 돌아오는 것을 축하하는 노래

신 이가 보지 아니하시랴
10 뭇 백성을 징벌하시는 이 곧 지식으로 사람을
교훈하시는 이가 징벌하지 아니하시랴
11 여호와께서는 사람의 생각이 허무함을 아시
느니라
12 여호와여 주로부터 징벌을 받으며 주의 법으
로 교훈하심을 받는 자가 복이 있나니
13 이런 사람에게는 환난의 날을 피하게 하사 악
인을 위하여 구덩이를 팔 때까지 평안을 주시
리이다
14 여호와께서는 자기 백성을 버리지 아니하시
며 자기의 소유를 외면하지 아니하시리로다
15 심판이 의로 돌아가리니 마음이 정직한 자가
다 따르리로다
16 누가 나를 위하여 일어나서 행악자들을 치며
누가 나를 위하여 일어나서 악행하는 자들을
칠까

행악자(시 94:16) : 모질고 나쁜 짓을 행하는 자 단어풀이

년 월 일 요일

17 여호와께서 내게 도움이 되지 아니하셨더면
내 영혼이 벌써 침묵 속에 잠겼으리로다
18 여호와여 나의 발이 미끄러진다고 말할 때에
주의 인자하심이 나를 붙드셨사오며
19 내 속에 근심이 많을 때에 주의 위안이 내 영
혼을 즐겁게 하시나이다
20 율례를 빙자하고 재난을 꾸미는 악한 재판장
이 어찌 주와 어울리리이까
21 그들이 모여 의인의 영혼을 치려 하며 무죄한
자를 정죄하여 피를 흘리려 하나
22 여호와는 나의 요새이시요 나의 하나님은 내
가 피할 반석이시라
23 그들의 죄악을 그들에게로 되돌리시며 그들
의 악으로 말미암아 그들을 끊으시리니 여호
와 우리 하나님이 그들을 끊으시리로다

단어풀이 침묵(시 94:17) : 입을 다물고 조용히 있음 | 빙자(시 94:20) : 어떤 다른 힘을 빌려서 의지함

95 1 오라 우리가 여호와께 노래하며 우
리의 구원의 반석을 향하여 즐거이
외치자
2 우리가 감사함으로 그 앞에 나아가며 시를 지
어 즐거이 그를 노래하자
3 여호와는 크신 하나님이시요 모든 신들보다
크신 왕이시기 때문이로다
4 땅의 깊은 곳이 그의 손 안에 있으며 산들의
높은 곳도 그의 것이로다
5 바다도 그의 것이라 그가 만드셨고 육지도 그
의 손이 지으셨도다
6 오라 우리가 굽혀 경배하며 우리를 지으신 여
호와 앞에 무릎을 꿇자
7 그는 우리의 하나님이시요 우리는 그가 기르
시는 백성이며 그의 손이 돌보시는 양이기 때
문이라 너희가 오늘 그의 음성을 듣거든
8 너희는 므리바에서와 같이 또 광야의 맛사에

므리바,맛사(시 95:8) : 지명 이름 단어풀이

서 지냈던 날과 같이 너희 마음을 완악하게 하
지 말지어다
9 그 때에 너희 조상들이 내가 행한 일을 보고서
도 나를 시험하고 조사하였도다
10 내가 사십 년 동안 그 세대로 말미암아 근심하
여 이르기를 그들은 마음이 미혹된 백성이라
내 길을 알지 못한다 하였도다
11 그러므로 내가 노하여 맹세하기를 그들은 내
안식에 들어오지 못하리라 하였도다

96

1 새 노래로 여호와께 노래하라 온 땅
이여 여호와께 노래할지어다
2 여호와께 노래하여 그의 이름을 송축하며 그
의 구원을 날마다 전파할지어다
3 그의 영광을 백성들 가운데에, 그의 기이한 행
적을 만민 가운데에 선포할지어다
4 여호와는 위대하시니 지극히 찬양할 것이요

단어풀이 조사(시 95:9) : 속을 떠봄

모든 신들보다 경외할 것임이여
5 만국의 모든 신들은 우상들이지만 여호와께
서는 하늘을 지으셨음이로다
6 존귀와 위엄이 그의 앞에 있으며 능력과 아름
다움이 그의 성소에 있도다
7 만국의 족속들아 영광과 권능을 여호와께 돌
릴지어다 여호와께 돌릴지어다
8 여호와의 이름에 합당한 영광을 그에게 돌릴지
어다 예물을 들고 그의 궁정에 들어갈지어다
9 아름답고 거룩한 것으로 여호와께 예배할지
어다 온 땅이여 그 앞에서 떨지어다
10 모든 나라 가운데서 이르기를 여호와께서 다
스리시니 세계가 굳게 서고 흔들리지 않으리
라 그가 만민을 공평하게 심판하시리라 할지
로다
11 하늘은 기뻐하고 땅은 즐거워하며 바다와 거
기에 충만한 것이 외치고

12 밭과 그 가운데에 있는 모든 것은 즐거워할지
로다 그 때 숲의 모든 나무들이 여호와 앞에서
즐거이 노래하리니
13 그가 임하시되 땅을 심판하러 임하실 것임이
라 그가 의로 세계를 심판하시며 그의 진실하
심으로 백성을 심판하시리로다

97

1 여호와께서 다스리시나니 땅은 즐거
워하며 허다한 섬은 기뻐할지어다
2 구름과 흑암이 그를 둘렀고 의와 공평이 그의
보좌의 기초로다
3 불이 그의 앞에서 나와 사방의 대적들을 불사
르시는도다
4 그의 번개가 세계를 비추니 땅이 보고 떨었도다
5 산들이 여호와의 앞 곧 온 땅의 주 앞에서 밀
랍 같이 녹았도다
6 하늘이 그의 의를 선포하니 모든 백성이 그의

영광을 보았도다
7 조각한 신상을 섬기며 허무한 것으로 자랑하
는 자는 다 수치를 당할 것이라 너희 신들아
여호와께 경배할지어다
8 여호와여 시온이 주의 심판을 듣고 기뻐하며
유다의 딸들이 즐거워하였나이다
9 여호와여 주는 온 땅 위에 지존하시고 모든
신들보다 위에 계시니이다
10 여호와를 사랑하는 너희여 악을 미워하라 그
가 그의 성도의 영혼을 보전하사 악인의 손에
서 건지시느니라
11 의인을 위하여 빛을 뿌리고 마음이 정직한 자
를 위하여 기쁨을 뿌리시는도다
12 의인이여 너희는 여호와로 말미암아 기뻐하
며 그의 거룩한 이름에 감사할지어다

보전(시 97:10) :온전하게 잘 지키어 유지함 단어풀이

98 [시]

1 새 노래로 여호와께 찬송하라 그는
기이한 일을 행하사 그의 오른손과 거룩한 팔
로 자기를 위하여 구원을 베푸셨음이로다
2 여호와께서 그의 구원을 알게 하시며 그의 공의
를 뭇 나라의 목전에서 명백히 나타내셨도다
3 그가 이스라엘의 집에 베푸신 인자와 성실을
기억하셨으므로 땅 끝까지 이르는 모든 것이
우리 하나님의 구원을 보았도다
4 온 땅이여 여호와께 즐거이 소리칠지어다 소
리 내어 즐겁게 노래하며 찬송할지어다
5 수금으로 여호와를 노래하라 수금과 음성으
로 노래할지어다
6 나팔과 호각 소리로 왕이신 여호와 앞에 즐겁
게 소리칠지어다
7 바다와 거기 충만한 것과 세계와 그 중에 거주
하는 자는 다 외칠지어다

8 여호와 앞에서 큰 물은 박수할지어다 산악이
함께 즐겁게 노래할지어다
9 그가 땅을 심판하러 임하실 것임이로다 그가
의로 세계를 판단하시며 공평으로 그의 백성
을 심판하시리로다

99

1 여호와께서 다스리시니 만민이 떨
것이요 여호와께서 그룹 사이에 좌
정하시니 땅이 흔들릴 것이로다
2 시온에 계시는 여호와는 위대하시고 모든 민
족보다 높으시도다
3 주의 크고 두려운 이름을 찬송할지니 그는 거
룩하심이로다
4 능력 있는 왕은 정의를 사랑하느니라 주께서
공의를 견고하게 세우시고 주께서 야곱에게
정의와 공의를 행하시나이다
5 너희는 여호와 우리 하나님을 높여 그의 발등

상 앞에서 경배할지어다 그는 거룩하시도다
6 그의 제사장들 중에는 모세와 아론이 있고 그
의 이름을 부르는 자들 중에는 사무엘이 있도
다 그들이 여호와께 간구하매 응답하셨도다
7 여호와께서 구름 기둥 가운데서 그들에게 말
씀하시니 그들은 그가 그들에게 주신 증거와
율례를 지켰도다
8 여호와 우리 하나님이여 주께서는 그들에게
응답하셨고 그들의 행한 대로 갚기는 하셨으
나 그들을 용서하신 하나님이시니이다
9 너희는 여호와 우리 하나님을 높이고 그 성산
에서 예배할지어다 여호와 우리 하나님은 거
룩하심이로다

100 [감사의 시]

1 온 땅이여 여호와께 즐거운 찬
송을 부를지어다

2 기쁨으로 여호와를 섬기며 노래하면서 그의
앞에 나아갈지어다
3 여호와가 우리 하나님이신 줄 너희는 알지어
다 그는 우리를 지으신 이요 우리는 그의 것
이니 그의 백성이요 그의 기르시는 양이로다
4 감사함으로 그의 문에 들어가며 찬송함으로
그의 궁정에 들어가서 그에게 감사하며 그의
이름을 송축할지어다
5 여호와는 선하시니 그의 인자하심이 영원하
고 그의 성실하심이 대대에 이르리로다

101

[다윗의 시]

1 내가 인자와 정의를 노래하겠나
이다 여호와여 내가 주께 찬양하리이다
2 내가 완전한 길을 주목하오리니 주께서 어느
때나 내게 임하시겠나이까 내가 완전한 마음
으로 내 집 안에서 행하리이다

송축(시 100:4) : 기쁜 일을 기리고 축하함 단어풀이

3 나는 비천한 것을 내 눈 앞에 두지 아니할 것
이요 배교자들의 행위를 내가 미워하오리니
나는 그 어느 것도 붙들지 아니하리이다
4 사악한 마음이 내게서 떠날 것이니 악한 일을
내가 알지 아니하리로다
5 자기의 이웃을 은근히 헐뜯는 자를 내가 멸할
것이요 눈이 높고 마음이 교만한 자를 내가 용
납하지 아니하리로다
6 내 눈이 이 땅의 충성된 자를 살펴 나와 함께
살게 하리니 완전한 길에 행하는 자가 나를 따
르리로다
7 거짓을 행하는 자는 내 집 안에 거주하지 못
하며 거짓말하는 자는 내 목전에 서지 못하리
로다
8 아침마다 내가 이 땅의 모든 악인을 멸하리니
악을 행하는 자는 여호와의 성에서 다 끊어지
리로다

단어풀이 목전(시 101:7) : 눈으로 볼 수 있는 아주 가까운 곳

년 월 일 요일

102

[고난 당한 자가 마음이 상하여 그의 근심을 여호와 앞에 토로하는 기도]

1 여호와여 내 기도를 들으시고 나
의 부르짖음을 주께 상달하게 하소서
2 나의 괴로운 날에 주의 얼굴을 내게서 숨기지
마소서 주의 귀를 내게 기울이사 내가 부르짖
는 날에 속히 내게 응답하소서
3 내 날이 연기 같이 소멸하며 내 뼈가 숯 같이
탔음이니이다
4 내가 음식 먹기도 잊었으므로 내 마음이 풀
같이 시들고 말라 버렸사오며
5 나의 탄식 소리로 말미암아 나의 살이 뼈에
붙었나이다
6 나는 광야의 올빼미 같고 황폐한 곳의 부엉이
같이 되었사오며
7 내가 밤을 새우니 지붕 위의 외로운 참새 같
으니이다

소멸(시 102:3) : 사라져 없어짐 단어풀이

8 내 원수들이 종일 나를 비방하며 내게 대항하
여 미칠 듯이 날뛰는 자들이 나를 가리켜 맹
세하나이다
9 나는 재를 양식 같이 먹으며 나는 눈물 섞인
물을 마셨나이다
10 주의 분노와 진노로 말미암음이라 주께서 나
를 들어서 던지셨나이다
11 내 날이 기울어지는 그림자 같고 내가 풀의 시
들어짐 같으니이다
12 여호와여 주는 영원히 계시고 주에 대한 기억
은 대대에 이르리이다
13 주께서 일어나사 시온을 긍휼히 여기시리니
지금은 그에게 은혜를 베푸실 때라 정한 기한
이 다가옴이니이다
14 주의 종들이 시온의 돌들을 즐거워하며 그의
티끌도 은혜를 받나이다
15 이에 뭇 나라가 여호와의 이름을 경외하며 이

단어풀이 대항(시 102:8) : 굽히거나 지지 않으려고 맞서서 버티거나 항거함

땅의 모든 왕들이 주의 영광을 경외하리니
16 여호와께서 시온을 건설하시고 그의 영광 중
에 나타나셨음이라
17 여호와께서 빈궁한 자의 기도를 돌아보시며
그들의 기도를 멸시하지 아니하셨도다
18 이 일이 장래 세대를 위하여 기록되리니 창조
함을 받을 백성이 여호와를 찬양하리로다
19 여호와께서 그의 높은 성소에서 굽어보시며
하늘에서 땅을 살펴 보셨으니
20 이는 갇힌 자의 탄식을 들으시며 죽이기로 정
한 자를 해방하사
21 여호와의 이름을 시온에서, 그 영예를 예루살
렘에서 선포하게 하려 하심이라
22 그 때에 민족들과 나라들이 함께 모여 여호와
를 섬기리로다
23 그가 내 힘을 중도에 쇠약하게 하시며 내 날
을 짧게 하셨도다

중도(시 102:23) : 어떤 일이 아직 끝나지 않아 진행 중인 상황 단어풀이

24 나의 말이 나의 하나님이여 나의 중년에 나를
데려가지 마옵소서 주의 연대는 대대에 무궁
하니이다
25 주께서 옛적에 땅의 기초를 놓으셨사오며 하
늘도 주의 손으로 지으신 바니이다
26 천지는 없어지려니와 주는 영존하시겠고 그
것들은 다 옷 같이 낡으리니 의복 같이 바꾸
시면 바뀌려니와
27 주는 한결같으시고 주의 연대는 무궁하리이다
28 주의 종들의 자손은 항상 안전히 거주하고 그
의 후손은 주 앞에 굳게 서리이다 하였도다

103

[다윗의 시]

1 내 영혼아 여호와를 송축하라 내
속에 있는 것들아 다 그의 거룩한 이름을 송축
하라
2 내 영혼아 여호와를 송축하며 그의 모든 은택

단어풀이 영존(시 102:26) : 영원히 존재함

을 잊지 말지어다
3 그가 네 모든 죄악을 사하시며 네 모든 병을
고치시며
4 네 생명을 파멸에서 속량하시고 인자와 긍휼
로 관을 씌우시며
5 좋은 것으로 네 소원을 만족하게 하사 네 청
춘을 독수리 같이 새롭게 하시는도다
6 여호와께서 공의로운 일을 행하시며 억압 당
하는 모든 자를 위하여 심판하시는도다
7 그의 행위를 모세에게, 그의 행사를 이스라엘
자손에게 알리셨도다
8 여호와는 긍휼이 많으시고 은혜로우시며 노하
기를 더디 하시고 인자하심이 풍부하시도다
9 자주 경책하지 아니하시며 노를 영원히 품지
아니하시리로다
10 우리의 죄를 따라 우리를 처벌하지는 아니하
시며 우리의 죄악을 따라 우리에게 그대로 갚

경책(시 103:9) : 정신을 차리도록 꾸짖음 단어풀이

지는 아니하셨으니
11 이는 하늘이 땅에서 높음 같이 그를 경외하는
자에게 그의 인자하심이 크심이로다
12 동이 서에서 먼 것 같이 우리의 죄과를 우리에
게서 멀리 옮기셨으며
13 아버지가 자식을 긍휼히 여김 같이 여호와께서
는 자기를 경외하는 자를 긍휼히 여기시나니
14 이는 그가 우리의 체질을 아시며 우리가 단지
먼지뿐임을 기억하심이로다
15 인생은 그 날이 풀과 같으며 그 영화가 들의
꽃과 같도다
16 그것은 바람이 지나가면 없어지나니 그 있던
자리도 다시 알지 못하거니와
17 여호와의 인자하심은 자기를 경외하는 자에
게 영원부터 영원까지 이르며 그의 의는 자손
의 자손에게 이르리니
18 곧 그의 언약을 지키고 그의 법도를 기억하여

단어풀이 죄과(시 103:12) : 죄가 될 만한 과실이나 허물

행하는 자에게로다
19 여호와께서 그의 보좌를 하늘에 세우시고 그
의 왕권으로 만유를 다스리시도다
20 능력이 있어 여호와의 말씀을 행하며 그의 말
씀의 소리를 듣는 여호와의 천사들이여 여호
와를 송축하라
21 그에게 수종들며 그의 뜻을 행하는 모든 천군
이여 여호와를 송축하라
22 여호와의 지으심을 받고 그가 다스리시는 모
든 곳에 있는 너희여 여호와를 송축하라 내
영혼아 여호와를 송축하라

104

1 내 영혼아 여호와를 송축하라 여
호와 나의 하나님이여 주는 심히
위대하시며 존귀와 권위로 옷 입으셨나이다
2 주께서 옷을 입음 같이 빛을 입으시며 하늘을
휘장 같이 치시며

휘장(시 104:2) : 여러 폭의 천을 이어 만든 천 단어풀이

년 월 일 요일

3 물에 자기 누각의 들보를 얹으시며 구름으로
자기 수레를 삼으시고 바람 날개로 다니시며
4 바람을 자기 사신으로 삼으시고 불꽃으로 자
기 사역자를 삼으시며
5 땅에 기초를 놓으사 영원히 흔들리지 아니하
게 하셨나이다
6 옷으로 덮음 같이 주께서 땅을 깊은 바다로 덮
으시매 물이 산들 위로 솟아올랐으나
7 주께서 꾸짖으시니 물은 도망하며 주의 우렛
소리로 말미암아 빨리 가며
8 주께서 그들을 위하여 정하여 주신 곳으로 흘
러갔고 산은 오르고 골짜기는 내려갔나이다
9 주께서 물의 경계를 정하여 넘치지 못하게 하시
며 다시 돌아와 땅을 덮지 못하게 하셨나이다
10 여호와께서 샘을 골짜기에서 솟아나게 하시
고 산 사이에 흐르게 하사
11 각종 들짐승에게 마시게 하시니 들나귀들도

단어풀이 누각(시 104:3) : 산이나 언덕, 물가 등에 높이 지은 집

해갈하며
12 공중의 새들도 그 가에서 깃들이며 나뭇가지
사이에서 지저귀는도다
13 그가 그의 누각에서부터 산에 물을 부어 주시
니 주께서 하시는 일의 결실이 땅을 만족시켜
주는도다
14 그가 가축을 위한 풀과 사람을 위한 채소를 자
라게 하시며 땅에서 먹을 것이 나게 하셔서
15 사람의 마음을 기쁘게 하는 포도주와 사람의
얼굴을 윤택하게 하는 기름과 사람의 마음을
힘있게 하는 양식을 주셨도다
16 여호와의 나무에는 물이 흡족함이여 곧 그가
심으신 레바논 백향목들이로다
17 새들이 그 속에 깃들임이여 학은 잣나무로 집
을 삼는도다
18 높은 산들은 산양을 위함이여 바위는 너구리
의 피난처로다

윤택(시 104:15) : 광택이나며 윤기가 있음 단어풀이

년 월 일 요일

19 여호와께서 달로 절기를 정하심이여 해는 그
지는 때를 알도다
20 주께서 흑암을 지어 밤이 되게 하시니 삼림의
모든 짐승이 기어나오나이다
21 젊은 사자들은 그들의 먹이를 쫓아 부르짖으
며 그들의 먹이를 하나님께 구하다가
22 해가 돋으면 물러가서 그들의 굴 속에 눕고
23 사람은 나와서 일하며 저녁까지 수고하는도다
24 여호와여 주께서 하신 일이 어찌 그리 많은지
요 주께서 지혜로 그들을 다 지으셨으니 주께
서 지으신 것들이 땅에 가득하니이다
25 거기에는 크고 넓은 바다가 있고 그 속에는 생
물 곧 크고 작은 동물들이 무수하니이다
26 그 곳에는 배들이 다니며 주께서 지으신 리워
야단이 그 속에서 노나이다
27 이것들은 다 주께서 때를 따라 먹을 것을 주시
기를 바라나이다

단어풀이 삼림(시 104:20) : 나무가 많이 우거진 숲

년 월 일 요일

28 주께서 주신즉 그들이 받으며 주께서 손을 펴
신즉 그들이 좋은 것으로 만족하다가
29 주께서 낯을 숨기신즉 그들이 떨고 주께서 그
들의 호흡을 거두신즉 그들은 죽어 먼지로 돌
아가나이다
30 주의 영을 보내어 그들을 창조하사 지면을 새
롭게 하시나이다
31 여호와의 영광이 영원히 계속할지며 여호와
는 자신께서 행하시는 일들로 말미암아 즐거
워하시리로다
32 그가 땅을 보신즉 땅이 진동하며 산들을 만지
신즉 연기가 나는도다
33 내가 평생토록 여호와께 노래하며 내가 살아
있는 동안 내 하나님을 찬양하리로다
34 나의 기도를 기쁘게 여기시기를 바라나니 나
는 여호와로 말미암아 즐거워하리로다
35 죄인들을 땅에서 소멸하시며 악인들을 다시

지면(시 104:30) : 땅의 표면 단어풀이

있지 못하게 하시리로다 내 영혼아 여호와를
송축하라 할렐루야

105

1 여호와께 감사하고 그의 이름을
불러 아뢰며 그가 하는 일을 만
민중에 알게 할지어다
2 그에게 노래하며 그를 찬양하며 그의 모든 기
이한 일들을 말할지어다
3 그의 거룩한 이름을 자랑하라 여호와를 구하
는 자들은 마음이 즐거울지로다
4 여호와와 그의 능력을 구할지어다 그의 얼굴
을 항상 구할지어다
5-6 그의 종 아브라함의 후손 곧 택하신 야곱의 자
손 너희는 그가 행하신 기적과 그의 이적과 그
의 입의 판단을 기억할지어다
7 그는 여호와 우리 하나님이시라 그의 판단이
온 땅에 있도다

년 월 일 요일

8 그는 그의 언약 곧 천 대에 걸쳐 명령하신 말
씀을 영원히 기억하셨으니
9 이것은 아브라함과 맺은 언약이고 이삭에게
하신 맹세이며
10 야곱에게 세우신 율례 곧 이스라엘에게 하신
영원한 언약이라
11 이르시기를 내가 가나안 땅을 네게 주어 너희
에게 할당된 소유가 되게 하리라 하셨도다
12 그 때에 그들의 사람 수가 적어 그 땅의 나그
네가 되었고
13 이 족속에게서 저 족속에게로, 이 나라에서
다른 민족에게로 떠돌아다녔도다
14 그러나 그는 사람이 그들을 억압하는 것을 용
납하지 아니하시고 그들로 말미암아 왕들을
꾸짖어
15 이르시기를 나의 기름 부은 자를 손대지 말며
나의 선지자들을 해하지 말라 하셨도다

억압(시 105:14) : 자기의 뜻대로 자유로이 행동하지 못하도록 억지로 억누름 단어풀이

년 월 일 요일

16 그가 또 그 땅에 기근이 들게 하사 그들이 의
지하고 있는 양식을 다 끊으셨도다
17 그가 한 사람을 앞서 보내셨음이여 요셉이 종
으로 팔렸도다
18 그의 발은 차꼬를 차고 그의 몸은 쇠사슬에 매
였으니
19 곧 여호와의 말씀이 응할 때까지라 그의 말씀
이 그를 단련하였도다
20 왕이 사람을 보내어 그를 석방함이여 뭇 백성
의 통치자가 그를 자유롭게 하였도다
21 그를 그의 집의 주관자로 삼아 그의 모든 소유
를 관리하게 하고
22 그의 뜻대로 모든 신하를 다스리며 그의 지혜
로 장로들을 교훈하게 하였도다
23 이에 이스라엘이 애굽에 들어감이여 야곱이
함의 땅에 나그네가 되었도다
24 여호와께서 자기의 백성을 크게 번성하게 하

단어풀이 차꼬(시 105:18) : 죄인의 두 발목을 넣고 채우게 한 옛날 수갑

년 월 일 요일

사 그의 대적들보다 강하게 하셨으며
25 또 그 대적들의 마음이 변하게 하여 그의 백
성을 미워하게 하시며 그의 종들에게 교활하
게 행하게 하셨도다
26 그리하여 그는 그의 종 모세와 그의 택하신
아론을 보내시니
27 그들이 그들의 백성 중에서 여호와의 표적을
보이고 함의 땅에서 징조들을 행하였도다
28 여호와께서 흑암을 보내사 그곳을 어둡게 하
셨으나 그들은 그의 말씀을 지키지 아니하였
도다
29 그들의 물도 변하여 피가 되게 하사 그들의
물고기를 죽이셨도다
39 그 땅에 개구리가 많아져서 왕의 궁실에도 있
었도다
31 여호와께서 말씀하신즉 파리 떼가 오며 그들
의 온 영토에 이가 생겼도다

교활(시 105:25) : 간사하고 꾀가 많음 단어풀이

년 월 일 요일

32 비 대신 우박을 내리시며 그들의 땅에 화염을
내리셨도다
33 그들의 포도나무와 무화과나무를 치시며 그
들의 지경에 있는 나무를 찍으셨도다
34 여호와께서 말씀하신즉 황충과 수많은 메뚜
기가 몰려와
35 그들의 땅에 있는 모든 채소를 먹으며 그들의
밭에 있는 열매를 먹었도다
36 또 여호와께서 그들의 기력의 시작인 그 땅의
모든 장자를 치셨도다
37 마침내 그들을 인도하여 은 금을 가지고 나오
게 하시니 그의 지파 중에 비틀거리는 자가 하
나도 없었도다
38 그들이 떠날 때에 애굽이 기뻐하였으니 그들
이 그들을 두려워함이로다
39 여호와께서 낮에는 구름을 펴사 덮개를 삼으
시고 밤에는 불로 밝히셨으며

단어풀이 화염(시 105:32) : 타고 있는 불에서 생겨나는 붉은빛을 띤 기운

40 그들이 구한즉 메추라기를 가져 오시고 또 하
늘의 양식으로 그들을 만족하게 하셨도다
41 반석을 여신즉 물이 흘러나와 마른 땅에 강
같이 흘렀으니
42 이는 그의 거룩한 말씀과 그의 종 아브라함을
기억하셨음이로다
43 그의 백성이 즐겁게 나오게 하시며 그의 택한
자는 노래하며 나오게 하시고
44 여러 나라의 땅을 그들에게 주시며 민족들이
수고한 것을 소유로 가지게 하셨으니
45 이는 그들이 그의 율례를 지키고 그의 율법을
따르게 하려 하심이로다 할렐루야

106

1 할렐루야 여호와께 감사하라 그
는 선하시며 그 인자하심이 영
원함이로다
2 누가 능히 여호와의 권능을 다 말하며 주께서

반으실 찬양을 다 선포하라
3 정의를 지키는 자들과 항상 공의를 행하는 자
는 복이 있도다
4 여호와여 주의 백성에게 베푸시는 은혜로 나
를 기억하시며 주의 구원으로 나를 돌보사
5 내가 주의 택하신 자가 형통함을 보고 주의 나
라의 기쁨을 나누어 가지게 하사 주의 유산을
자랑하게 하소서
6 우리가 우리의 조상들처럼 범죄하여 사악을
행하며 악을 지었나이다
7 우리의 조상들이 애굽에 있을 때 주의 기이한
일들을 깨닫지 못하며 주의 크신 인자를 기억
하지 아니하고 바다 곧 홍해에서 거역하였나
이다
8 그러나 여호와께서는 자기의 이름을 위하여
그들을 구원하셨으니 그의 큰 권능을 만인이
알게 하려 하심이로다

단어풀이 사악(시 106:6) : 간사하고 악독함

9 이에 홍해를 꾸짖으시니 곧 마르니 그들을 인
도하여 바다 건너가기를 마치 광야를 지나감
같게 하사
10 그들을 그 미워하는 자의 손에서 구원하시며
그 원수의 손에서 구원하셨고
11 그들의 대적들은 물로 덮으시매 그들 중에서
하나도 살아 남지 못하였도다
12 이에 그들이 그의 말씀을 믿고 그를 찬양하는
노래를 불렀도다
13 그러나 그들은 그가 행하신 일을 곧 잊어버리
며 그의 가르침을 기다리지 아니하고
14 광야에서 욕심을 크게 내며 사막에서 하나님
을 시험하였도다
15 그러므로 여호와께서는 그들이 요구한 것을
그들에게 주셨을지라도 그들의 영혼은 쇠약
하게 하셨도다
16 그들이 진영에서 모세와 여호와의 거룩한 자

쇠약(시 106:15) : 힘이나 세력 따위가 줄어서 약함 단어풀이

아론을 질투하매
17 땅이 갈라져 다단을 삼키며 아비람의 당을 덮
었고
18 불이 그들의 당에 붙음이여 화염이 악인들을
살랐도다
19 그들이 호렙에서 송아지를 만들고 부어 만든
우상을 경배하여
20 자기 영광을 풀 먹는 소의 형상으로 바꾸었도다
21 애굽에서 큰 일을 행하신 그의 구원자 하나님
을 그들이 잊었나니
22 그는 함의 땅에서 기사와 홍해에서 놀랄 만한
일을 행하신 이시로다
23 그러므로 여호와께서 그들을 멸하리라 하셨
으나 그가 택하신 모세가 그 어려움 가운데에
서 그의 앞에 서서 그의 노를 돌이켜 멸하시지
아니하게 하였도다
24 그들이 그 기쁨의 땅을 멸시하며 그 말씀을 믿

지 아니하고
25 그들의 장막에서 원망하며 여호와의 음성을
듣지 아니하였도다
26 이러므로 그가 그의 손을 들어 그들에게 맹세
하기를 그들이 광야에 엎드러지게 하고
27 또 그들의 후손을 뭇 백성 중에 엎드러뜨리며
여러 나라로 흩어지게 하리라 하셨도다
28 그들이 또 브올의 바알과 연합하여 죽은 자에
게 제사한 음식을 먹어서
29 그 행위로 주를 격노하게 함으로써 재앙이 그
들 중에 크게 유행하였도다
30 그 때에 비느하스가 일어서서 중재하니 이에
재앙이 그쳤도다
31 이 일이 그의 의로 인정되었으니 대대로 영원
까지로다
32 그들이 또 므리바 물에서 여호와를 노하시게
하였으므로 그들 때문에 재난이 모세에게 이

년 월 일 요일

르렀나니

33 이는 그들이 그의 뜻을 거역함으로 말미암아

모세가 그의 입술로 망령되이 말하였음이로다

34 그들은 여호와께서 멸하라고 말씀하신 그 이

방 민족들을 멸하지 아니하고

35 그 이방 나라들과 섞여서 그들의 행위를 배우며

36 그들의 우상들을 섬기므로 그것들이 그들에

게 올무가 되었도다

37 그들이 그들의 자녀를 악귀들에게 희생제물

로 바쳤도다

38 무죄한 피 곧 그들의 자녀의 피를 흘려 가나

안의 우상들에게 제사하므로 그 땅이 피로 더

러워졌도다

39 그들은 그들의 행위로 더러워지니 그들의 행

동이 음탕하도다

40 그러므로 여호와께서 자기 백성에게 맹렬히

노하시며 자기의 유업을 미워하사

단어풀이 음탕(시 106:39) : 음란하고 방탕하다

년 월 일 요일

41 그들을 이방 나라의 손에 넘기시매 그들을 미워하는 자들이 그들을 다스렸도다
42 그들이 원수들의 압박을 받고 그들의 수하에 복종하게 되었도다
43 여호와께서 여러 번 그들을 건지시나 그들은 교묘하게 거역하며 자기 죄악으로 말미암아 낮아짐을 당하였도다
44 그러나 여호와께서 그들의 부르짖음을 들으실 때에 그들의 고통을 돌보시며
45 그들을 위하여 그의 언약을 기억하시고 그 크신 인자하심을 따라 뜻을 돌이키사
46 그들을 사로잡은 모든 자에게서 긍휼히 여김을 받게 하셨도다
47 여호와 우리 하나님이여 우리를 구원하사 여러 나라로부터 모으시고 우리가 주의 거룩하신 이름을 감사하며 주의 영예를 찬양하게 하소서

압박(시 106:42) : 어떤 힘으로 억누르거나 제압함 단어풀이

년 월 일 요일

48 여호와 이스라엘의 하나님을 영원부터 영원
까지 찬양할지어다 모든 백성들아 아멘 할지
어다 할렐루야

시편

제 오권(107–150편)

107

1 여호와께 감사하라 그는 선하시
며 그 인자하심이 영원함이로다
2 여호와의 속량을 받은 자들은 이같이 말할지
어다 여호와께서 대적의 손에서 그들을 속량
하사
3 동서 남북 각 지방에서부터 모으셨도다
4 그들이 광야 사막 길에서 방황하며 거주할 성
읍을 찾지 못하고

5 주리고 목이 말라 그들의 영혼이 그들 안에서
피곤하였도다
6 이에 그들이 근심 중에 여호와께 부르짖으매
그들의 고통에서 건지시고
7 또 바른 길로 인도하사 거주할 성읍에 이르게
하셨도다
8 여호와의 인자하심과 인생에게 행하신 기적
으로 말미암아 그를 찬송할지로다
9 그가 사모하는 영혼에게 만족을 주시며 주린
영혼에게 좋은 것으로 채워주심이로다
10 사람이 흑암과 사망의 그늘에 앉으며 곤고와
쇠사슬에 매임은
11 하나님의 말씀을 거역하며 지존자의 뜻을 멸
시함이라
12 그러므로 그가 고통을 주어 그들의 마음을 겸
손하게 하셨으니 그들이 엎드러져도 돕는 자
가 없었도다

곤고(시 107:10) : 어렵고 고생스럽다 단어풀이

13 이에 그들이 그 환난 중에 여호와께 부르짖으
매 그들의 고통에서 구원하시되
14 흑암과 사망의 그늘에서 인도하여 내시고 그
들의 얽어 맨 줄을 끊으셨도다
15 여호와의 인자하심과 인생에게 행하신 기적
으로 말미암아 그를 찬송할지로다
16 그가 놋문을 깨뜨리시며 쇠빗장을 꺾으셨음
이로다
17 미련한 자들은 그들의 죄악의 길을 따르고 그
들의 악을 범하기 때문에 고난을 받아
18 그들은 그들의 모든 음식물을 싫어하게 되어
사망의 문에 이르렀도다
19 이에 그들이 그들의 고통 때문에 여호와께 부
르짖으매 그가 그들의 고통에서 그들을 구원
하시되
20 그가 그의 말씀을 보내어 그들을 고치시고 위
험한 지경에서 건지시는도다

21 여호와의 인자하심과 인생에게 행하신 기적
으로 말미암아 그를 찬송할지로다
22 감사제를 드리며 노래하여 그가 행하신 일을
선포할지로다
23 배들을 바다에 띄우며 큰 물에서 일을 하는
자는
24 여호와께서 행하신 일들과 그의 기이한 일들
을 깊은 바다에서 보나니
25 여호와께서 명령하신즉 광풍이 일어나 바다
물결을 일으키는도다
26 그들이 하늘로 솟구쳤다가 깊은 곳으로 내려가
나니 그 위험 때문에 그들의 영혼이 녹는도다
27 그들이 이리저리 구르며 취한 자 같이 비틀거리
니 그들의 모든 지각이 혼돈 속에 빠지는도다
28 이에 그들이 그들의 고통 때문에 여호와께 부
르짖으매 그가 그들의 고통에서 그들을 인도
하여 내시고

광풍(시 107:25) : 미친 듯이 사납게 부는 바람 단어풀이

29 광풍을 고요하게 하사 물결도 잔잔하게 하시
는도다
30 그들이 평온함으로 말미암아 기뻐하는 중에
여호와께서 그들이 바라는 항구로 인도하시
는도다
31 여호와의 인자하심과 인생에게 행하신 기적
으로 말미암아 그를 찬송할지로다
32 백성의 모임에서 그를 높이며 장로들의 자리
에서 그를 찬송할지로다
33 여호와께서는 강이 변하여 광야가 되게 하시
며 샘이 변하여 마른 땅이 되게 하시며
34 그 주민의 악으로 말미암아 옥토가 변하여 염
전이 되게 하시며
35 또 광야가 변하여 못이 되게 하시며 마른 땅이
변하여 샘물이 되게 하시고
36 주린 자들로 말미암아 거기에 살게 하사 그들
이 거주할 성읍을 준비하게 하시고

단어풀이 옥토(시 107:34) : 영양분이 풍부한 좋은 땅

년 월 일 요일

37 밭에 파종하며 포도원을 재배하여 풍성한 소
출을 거두게 하시며
38 또 복을 주사 그들이 크게 번성하게 하시고
그의 가축이 감소하지 아니하게 하실지라도
39 다시 압박과 재난과 우환을 통하여 그들의 수
를 줄이시며 낮추시는도다
40 여호와께서 고관들에게는 능욕을 쏟아 부으
시고 길 없는 황야에서 유리하게 하시나
41 궁핍한 자는 그의 고통으로부터 건져 주시고
그의 가족을 양 떼 같이 지켜 주시나니
42 정직한 자는 보고 기뻐하며 모든 사악한 자는
자기 입을 봉하리로다
43 지혜 있는 자들은 이러한 일들을 지켜 보고
여호와의 인자하심을 깨달으리로다

사악(시 107:42) : 간사하고 악함 단어풀이

108

[다윗의 찬송 시]

1 하나님이여 내 마음을 정하였사
오니 내가 노래하며 나의 마음을 다하여 찬양
하리로다
2 비파야, 수금아, 깰지어다 내가 새벽을 깨우리
로다
3 여호와여 내가 만민 중에서 주께 감사하고 뭇
나라 중에서 주를 찬양하오리니
4 주의 인자하심이 하늘보다 높으시며 주의 진
실은 궁창에까지 이르나이다
5 하나님이여 주는 하늘 위에 높이 들리시며 주
의 영광이 온 땅에서 높임 받으시기를 원하나
이다
6 주께서 사랑하시는 자들을 건지시기 위하여
우리에게 응답하사 오른손으로 구원하소서
7 하나님이 그의 성소에서 말씀하시되 내가 기
뻐하리라 내가 세겜을 나누며 숙곳 골짜기를

측량하리라
8 길르앗이 내 것이요 므낫세도 내 것이며 에브
라임은 내 머리의 투구요 유다는 나의 규이며
9 모압은 내 목욕통이라 에돔에는 내 신발을 벗
어 던질지며 블레셋 위에서 내가 외치리라 하
셨도다
10 누가 나를 이끌어 견고한 성읍으로 인도해 들
이며 누가 나를 에돔으로 인도할꼬
11 하나님이여 주께서 우리를 버리지 아니하셨
나이까 하나님이여 주께서 우리의 군대들과
함께 나아가지 아니하시나이다
12 우리를 도와 대적을 치게 하소서 사람의 구원
은 헛됨이니이다
13 우리가 하나님을 의지하고 용감히 행하리니
그는 우리의 대적들을 밟으실 자이심이로다

109

[다윗의 시, 인도자를 따라 부르는 노래]

1 내가 찬양하는 하나님이여 잠잠
하지 마옵소서
2 그들이 악한 입과 거짓된 입을 열어 나를 치며
속이는 혀로 내게 말하며
3 또 미워하는 말로 나를 두르고 까닭 없이 나를
공격하였음이니이다
4 나는 사랑하나 그들은 도리어 나를 대적하니
나는 기도할 뿐이라
5 그들이 악으로 나의 선을 갚으며 미워함으로
나의 사랑을 갚았사오니
6 악인이 그를 다스리게 하시며 사탄이 그의 오
른쪽에 서게 하소서
7 그가 심판을 받을 때에 죄인이 되어 나오게 하
시며 그의 기도가 죄로 변하게 하시며
8 그의 연수를 짧게 하시며 그의 직분을 타인이
빼앗게 하시며

단어풀이 타인(시 109:8) : 아무런 관계도 없는 다른 사람

9 그의 자녀는 고아가 되고 그의 아내는 과부가
되며
10 그의 자녀들은 유리하며 구걸하고 그들의 황
폐한 집을 떠나 빌어먹게 하소서
11 고리대금하는 자가 그의 소유를 다 빼앗게 하
시며 그가 수고한 것을 낯선 사람이 탈취하게
하시며
12 그에게 인애를 베풀 자가 없게 하시며 그의
고아에게 은혜를 베풀 자도 없게 하시며
13 그의 자손이 끊어지게 하시며 후대에 그들의
이름이 지워지게 하소서
14 여호와는 그의 조상들의 죄악을 기억하시며
그의 어머니의 죄를 지워 버리지 마시고
15 그 죄악을 항상 여호와 앞에 있게 하사 그들
의 기억을 땅에서 끊으소서
16 그가 인자를 베풀 일을 생각하지 아니하고 가
난하고 궁핍한 자와 마음이 상한 자를 핍박하

탈취(시 109:11) : 남의 돈이나 물건 따위를 강제로 빼앗아 가짐 단어풀이

년 월 일 요일

여 죽이려 하였기 때문이니이다

17 그가 저주하기를 좋아하더니 그것이 자기에

게 임하고 축복하기를 기뻐하지 아니하더니

복이 그를 멀리 떠났으며

18 또 저주하기를 옷 입듯 하더니 저주가 물 같이

그의 몸 속으로 들어가며 기름 같이 그의 뼈

속으로 들어갔나이다

19 저주가 그에게는 입는 옷 같고 항상 띠는 띠와

같게 하소서

20 이는 나의 대적들이 곧 내 영혼을 대적하여 악

담하는 자들이 여호와께 받는 보응이니이다

21 그러나 주 여호와여 주의 이름으로 말미암아

나를 선대하소서 주의 인자하심이 선하시오

니 나를 건지소서

22 나는 가난하고 궁핍하여 나의 중심이 상함이

니이다

23 나는 석양 그림자 같이 지나가고 또 메뚜기 같

단어풀이 선대(시 109:21) : 친절하게 잘 대접함

이 불러 가오며
24 금식하므로 내 무릎이 흔들리고 내 육체는 수
척하오며
25 나는 또 그들의 비방 거리라 그들이 나를 보
면 머리를 흔드나이다
26 여호와 나의 하나님이여 나를 도우시며 주의
인자하심을 따라 나를 구원하소서
27 이것이 주의 손이 하신 일인 줄을 그들이 알
게 하소서 주 여호와께서 이를 행하셨나이다
28 그들은 내게 저주하여도 주는 내게 복을 주소
서 그들은 일어날 때에 수치를 당할지라도 주
의 종은 즐거워하리이다
29 나의 대적들이 욕을 옷 입듯 하게 하시며 자
기 수치를 겉옷 같이 입게 하소서
30 내가 입으로 여호와께 크게 감사하며 많은 사
람 중에서 찬송하리니
31 그가 궁핍한 자의 오른쪽에 서사 그의 영혼을

수척(시 109:24) : 몹시 야위고 마름 단어풀이

심판하려 하는 자들에게서 구원하실 것임이
로다

110

[다윗의 시]

1 여호와께서 내 주에게 말씀하시
기를 내가 네 원수들로 네 발판이 되게 하기까
지 너는 내 오른쪽에 앉아 있으라 하셨도다
2 여호와께서 시온에서부터 주의 권능의 규를 내
보내시리니 주는 원수들 중에서 다스리소서
3 주의 권능의 날에 주의 백성이 거룩한 옷을 입
고 즐거이 헌신하니 새벽 이슬 같은 주의 청년
들이 주께 나오는도다
4 여호와는 맹세하고 변하지 아니하시리라 이
르시기를 너는 멜기세덱의 서열을 따라 영원
한 제사장이라 하셨도다
5 주의 오른쪽에 계신 주께서 그의 노하시는 날
에 왕들을 쳐서 깨뜨리실 것이라

단어풀이 서열(시 110:4) : 일정한 기준에 따라 순서대로 늘어섬

6 뭇 나라를 심판하여 시체로 가득하게 하시고
여러 나라의 머리를 쳐서 깨뜨리시며
7 길 가의 시냇물을 마시므로 그의 머리를 드시
리로다

111

1 할렐루야, 내가 정직한 자들의
모임과 회중 가운데에서 전심으
로 여호와께 감사하리로다
2 여호와께서 행하시는 일들이 크시오니 이를
즐거워하는 자들이 다 기리는도다
3 그의 행하시는 일이 존귀하고 엄위하며 그의
의가 영원히 서 있도다
4 그의 기적을 사람이 기억하게 하셨으니 여호
와는 은혜로우시고 자비로우시도다
5 여호와께서 자기를 경외하는 자들에게 양식을
주시며 그의 언약을 영원히 기억하시리로다
6 그가 그들에게 뭇 나라의 기업을 주사 그가

엄위(시 111:3) : 엄격하고 위엄이 있음 단어풀이

행하시는 일의 능력을 그들에게 알리셨도다
7 그의 손이 하는 일은 진실과 정의이며 그의 법
도는 다 확실하니
8 영원무궁토록 정하신 바요 진실과 정의로 행
하신 바로다
9 여호와께서 그의 백성을 속량하시며 그의 언
약을 영원히 세우셨으니 그의 이름이 거룩하
고 지존하시도다
10 여호와를 경외함이 지혜의 근본이라 그의 계
명을 지키는 자는 다 훌륭한 지각을 가진 자이
니 여호와를 찬양함이 영원히 계속되리로다

112

1 할렐루야, 여호와를 경외하며 그
의 계명을 크게 즐거워하는 자는
복이 있도다
2 그의 후손이 땅에서 강성함이여 정직한 자들
의 후손에게 복이 있으리로다

단어풀이 지존(시 111:9) : 지극히 존귀함

3 부와 재물이 그의 집에 있음이여 그의 공의가
영구히 서 있으리로다
4 정직한 자들에게는 흑암 중에 빛이 일어나나니
그는 자비롭고 긍휼이 많으며 의로운 이로다
5 은혜를 베풀며 꾸어 주는 자는 잘 되나니 그
일을 정의로 행하리로다
6 그는 영원히 흔들리지 아니함이여 의인은 영
원히 기억되리로다
7 그는 흉한 소문을 두려워하지 아니함이여 여호
와를 의뢰하고 그의 마음을 굳게 정하였도다
8 그의 마음이 견고하여 두려워하지 아니할 것
이라 그의 대적들이 받는 보응을 마침내 보리
로다
9 그가 재물을 흩어 빈궁한 자들에게 주었으니
그의 의가 영구히 있고 그의 뿔이 영광 중에
들리리로다
10 악인은 이를 보고 한탄하여 이를 갈면서 소멸

한탄(시 112:10) : 한숨을 쉬며 탄식함 단어풀이

년 월 일 요일

되리니 악인들의 욕망은 사라지리로다

113

1 할렐루야, 여호와의 종들아 찬양
하라 여호와의 이름을 찬양하라
2 이제부터 영원까지 여호와의 이름을 찬송할
지로다
3 해 돋는 데에서부터 해 지는 데에까지 여호와
의 이름이 찬양을 받으시리로다
4 여호와는 모든 나라보다 높으시며 그의 영광
은 하늘보다 높으시도다
5 여호와 우리 하나님과 같은 이가 누구리요 높
은 곳에 앉으셨으나
6 스스로 낮추사 천지를 살피시고
7 가난한 자를 먼지 더미에서 일으키시며 궁핍
한 자를 거름 더미에서 들어 세워
8 지도자들 곧 그의 백성의 지도자들과 함께 세
우시며

단어풀이 더미(시 113:7) : 많은 물건이 한데 모여 쌓인 큰 덩어리

9 또 임신하지 못하던 여자를 집에 살게 하사
자녀들을 즐겁게 하는 어머니가 되게 하시는
도다 할렐루야

114

1 이스라엘이 애굽에서 나오며 야
곱의 집안이 언어가 다른 민족에
게서 나올 때에
2 유다는 여호와의 성소가 되고 이스라엘은 그
의 영토가 되었도다
3 바다가 보고 도망하며 요단은 물러갔으니
4 산들은 숫양들 같이 뛰놀며 작은 산들은 어린
양들 같이 뛰었도다
5 바다야 네가 도망함은 어찌함이며 요단아 네
가 물러감은 어찌함인가
6 너희 산들아 숫양들 같이 뛰놀며 작은 산들아
어린 양들 같이 뛰놂은 어찌함인가
7 땅이여 너는 주 앞 곧 야곱의 하나님 앞에서

떨지어다

8 그가 반석을 쳐서 못물이 되게 하시며 차돌로
샘물이 되게 하셨도다

115

1 여호와여 영광을 우리에게 돌리
지 마옵소서 우리에게 돌리지 마
옵소서 오직 주는 인자하시고 진실하시므로
주의 이름에만 영광을 돌리소서
2 어찌하여 뭇 나라가 그들의 하나님이 이제 어
디 있느냐 말하게 하리이까
3 오직 우리 하나님은 하늘에 계셔서 원하시는
모든 것을 행하셨나이다
4 그들의 우상들은 은과 금이요 사람이 손으로
만든 것이라
5 입이 있어도 말하지 못하며 눈이 있어도 보지
못하며
6 귀가 있어도 듣지 못하며 코가 있어도 냄새 맡

단어풀이 못물(시 114:8) : 못에 고여 있는 물

지 못하며
7 손이 있어도 만지지 못하며 발이 있어도 걷지
못하며 목구멍이 있어도 작은 소리조차 내지
못하느니라
8 우상들을 만드는 자들과 그것을 의지하는 자
들이 다 그와 같으리로다
9 이스라엘아 여호와를 의지하라 그는 너희의
도움이시요 너희의 방패시로다
10 아론의 집이여 여호와를 의지하라 그는 너희
의 도움이시요 너희의 방패시로다
11 여호와를 경외하는 자들아 너희는 여호와를
의지하여라 그는 너희의 도움이시요 너희의
방패시로다
12 여호와께서 우리를 생각하사 복을 주시되 이
스라엘 집에도 복을 주시고 아론의 집에도 복
을 주시며
13 높은 사람이나 낮은 사람을 막론하고 여호와

막론하고(시 115:13) : 누구라 가릴 것 없이 모두 다 단어풀이

를 경외하는 자들에게 복을 주시리로다

14 여호와께서 너희를 곧 너희와 너희의 자손을
더욱 번창하게 하시기를 원하노라

15 너희는 천지를 지으신 여호와께 복을 받는 자
로다

16 하늘은 여호와의 하늘이라도 땅은 사람에게
주셨도다

17 죽은 자들은 여호와를 찬양하지 못하나니 적
막한 데로 내려가는 자들은 아무도 찬양하지
못하리로다

18 우리는 이제부터 영원까지 여호와를 송축하
리로다 할렐루야

116

1 여호와께서 내 음성과 내 간구를
들으시므로 내가 그를 사랑하는
도다

2 그의 귀를 내게 기울이셨으므로 내가 평생에

단어풀이 번창(시 115:14) : 한참 잘되어 성하게 됨

기도하리로다

3 사망의 줄이 나를 두르고 스올의 고통이 내게
이르므로 내가 환난과 슬픔을 만났을 때에
4 내가 여호와의 이름으로 기도하기를 여호와여
주께 구하오니 내 영혼을 건지소서 하였도다
5 여호와는 은혜로우시며 의로우시며 우리 하
나님은 긍휼이 많으시도다
6 여호와께서는 순진한 자를 지키시나니 내가
어려울 때에 나를 구원하셨도다
7 내 영혼아 네 평안함으로 돌아갈지어다 여호
와께서 너를 후대하심이로다
8 주께서 내 영혼을 사망에서, 내 눈을 눈물에
서, 내 발을 넘어짐에서 건지셨나이다
9 내가 생명이 있는 땅에서 여호와 앞에 행하리
로다
10 내가 크게 고통을 당하였다고 말할 때에도 나
는 믿었도다

11 내가 놀라서 이르기를 모든 사람이 거짓말쟁
이라 하였도다
12 내게 주신 모든 은혜를 내가 여호와께 무엇으
로 보답할까
13 내가 구원의 잔을 들고 여호와의 이름을 부르며
14 여호와의 모든 백성 앞에서 나는 나의 서원을
여호와께 갚으리로다
15 그의 경건한 자들의 죽음은 여호와께서 보시
기에 귀중한 것이로다
16 여호와여 나는 진실로 주의 종이요 주의 여종
의 아들 곧 주의 종이라 주께서 나의 결박을
푸셨나이다
17 내가 주께 감사제를 드리고 여호와의 이름을
부르리이다
18 내가 여호와께 서원한 것을 그의 모든 백성이
보는 앞에서 내가 지키리로다
19 예루살렘아, 네 한가운데에서 곧 여호와의 성

단어풀이 결박(시 116:16) : 몸이나 손 따위를 움직이지 못하도록 묶음

전 뜰에서 지키리로다 할렐루야

117 1 너희 모든 나라들아 여호와를 찬
양하며 너희 모든 백성들아 그를
찬송할지어다
2 우리에게 향하신 여호와의 인자하심이 크시
고 여호와의 진실하심이 영원함이로다 할렐
루야

118 1 여호와께 감사하라 그는 선하시며
그의 인자하심이 영원함이로다
2 이제 이스라엘은 말하기를 그의 인자하심이
영원하다 할지로다
3 이제 아론의 집은 말하기를 그의 인자하심이
영원하다 할지로다
4 이제 여호와를 경외하는 자는 말하기를 그의
인자하심이 영원하다 할지로다

년 월 일 요일

5 내가 고통 중에 여호와께 부르짖었더니 여호와
께서 응답하시고 나를 넓은 곳에 세우셨도다
6 여호와는 내편이시라 내가 두려워하지 아니
하리니 사람이 내게 어찌할까
7 여호와께서 내편이 되사 나를 돕는 자들 중에
계시니 그러므로 나를 미워하는 자들에게 보
응하시는 것을 내가 보리로다
8 여호와께 피하는 것이 사람을 신뢰하는 것보
다 나으며
9 여호와께 피하는 것이 고관들을 신뢰하는 것
보다 낫도다
10 뭇 나라가 나를 에워쌌으니 내가 여호와의 이
름으로 그들을 끊으리로다
11 그들이 나를 에워싸고 에워쌌으니 내가 여호
와의 이름으로 그들을 끊으리로다
12 그들이 벌들처럼 나를 에워쌌으나 가시덤불
의 불 같이 타 없어졌나니 내가 여호와의 이

름으로 그들을 끊으리로다
13 너는 나를 밀쳐 넘어뜨리려 하였으나 여호와
께서는 나를 도우셨도다
14 여호와는 나의 능력과 찬송이시요 또 나의 구
원이 되셨도다
15 의인들의 장막에는 기쁜 소리, 구원의 소리가
있음이여 여호와의 오른손이 권능을 베푸시며
16 여호와의 오른손이 높이 들렸으며 여호와의
오른손이 권능을 베푸시는도다
17 내가 죽지 않고 살아서 여호와께서 하시는 일
을 선포하리로다
18 여호와께서 나를 심히 경책하셨어도 죽음에
는 넘기지 아니하셨도다
19 내게 의의 문들을 열지어다 내가 그리로 들어
가서 여호와께 감사하리로다
20 이는 여호와의 문이라 의인들이 그리로 들어
가리로다

21 주께서 내게 응답하시고 나의 구원이 되셨으
니 내가 주께 감사하리이다
22 건축자가 버린 돌이 집 모퉁이의 머릿돌이 되
었나니
23 이는 여호와께서 행하신 것이요 우리 눈에 기
이한 바로다
24 이 날은 여호와께 정하신 것이라 이 날에 우리
가 즐거워하고 기뻐하리로다
25 여호와여 구하옵나니 이제 구원하소서 여호와
여 우리가 구하옵나니 이제 형통하게 하소서
26 여호와의 이름으로 오는 자가 복이 있음이여
우리가 여호와의 집에서 너희를 축복하였도다
27 여호와는 하나님이시라 그가 우리에게 빛을
비추셨으니 밧줄로 절기 제물을 제단 뿔에 맬
지어다
28 주는 나의 하나님이시라 내가 주께 감사하리
이다 주는 나의 하나님이시라 내가 주를 높이

리이다
29 여호와께 감사하라 그는 선하시며 그의 인자
하심이 영원함이로다

119

1 행위가 온전하여 여호와의 율법
을 따라 행하는 자들은 복이 있
음이여
2 여호와의 증거들을 지키고 전심으로 여호와
를 구하는 자는 복이 있도다
3 참으로 그들은 불의를 행하지 아니하고 주의
도를 행하는도다
4 주께서 명령하사 주의 법도를 잘 지키게 하셨
나이다
5 내 길을 굳게 정하사 주의 율례를 지키게 하
소서
6 내가 주의 모든 계명에 주의할 때에는 부끄럽
지 아니하리이다

년 월 일 요일

7 내가 주의 의로운 판단을 배울 때에는 정직한
마음으로 주께 감사하리이다
8 내가 주의 율례들을 지키오리니 나를 아주 버
리지 마옵소서
9 청년이 무엇으로 그의 행실을 깨끗하게 하리
이까 주의 말씀만 지킬 따름이니이다
10 내가 전심으로 주를 찾았사오니 주의 계명에
서 떠나지 말게 하소서
11 내가 주께 범죄하지 아니하려 하여 주의 말씀
을 내 마음에 두었나이다
12 찬송을 받으실 주 여호와여 주의 율례들을 내
게 가르치소서
13 주의 입의 모든 규례들을 나의 입술로 선포하
였으며
14 내가 모든 재물을 즐거워함 같이 주의 증거들
의 도를 즐거워하였나이다
15 내가 주의 법도들을 작은 소리로 읊조리며 주

년 월 일 요일

의 길들에 주의하며
16 주의 율례들을 즐거워하며 주의 말씀을 잊지
아니하리이다
17 주의 종을 후대하여 살게 하소서 그리하시면
주의 말씀을 지키리이다
18 내 눈을 열어서 주의 율법에서 놀라운 것을
보게 하소서
19 나는 땅에서 나그네가 되었사오니 주의 계명
들을 내게 숨기지 마소서
20 주의 규례들을 항상 사모함으로 내 마음이 상
하나이다
21 교만하여 저주를 받으며 주의 계명들에서 떠
나는 자들을 주께서 꾸짖으셨나이다
22 내가 주의 교훈들을 지켰사오니 비방과 멸시
를 내게서 떠나게 하소서
23 고관들도 앉아서 나를 비방하였사오나 주의 종
은 주의 율례들을 작은 소리로 읊조렸나이다

후대(시 119:17) : 후하게 대접하다 단어풀이

24 주의 증거들은 나의 즐거움이요 나의 충고자
니이다
25 내 영혼이 진토에 붙었사오니 주의 말씀대로
나를 살아나게 하소서
26 내가 나의 행위를 아뢰매 주께서 내게 응답하
셨사오니 주의 율례들을 내게 가르치소서
27 나에게 주의 법도들의 길을 깨닫게 하여 주소
서 그리하시면 내가 주의 기이한 일들을 작은
소리로 읊조리리이다
28 나의 영혼이 눌림으로 말미암아 녹사오니 주
의 말씀대로 나를 세우소서
29 거짓 행위를 내게서 떠나게 하시고 주의 법을
내게 은혜로이 베푸소서
30 내가 성실한 길을 택하고 주의 규례들을 내 앞
에 두었나이다
31 내가 주의 증거들에 매달렸사오니 여호와여
내가 수치를 당하지 말게 하소서

단어풀이 수치(시 119:31) : 창피하고 부끄러움

32 주께서 내 마음을 넓히시면 내가 주의 계명들
의 길로 달려가리이다
33 여호와여 주의 율례들의 도를 내게 가르치소
서 내가 끝까지 지키리이다
34 나로 하여금 깨닫게 하여 주소서 내가 주의
법을 준행하며 전심으로 지키리이다
35 나로 하여금 주의 계명들의 길로 행하게 하소
서 내가 이를 즐거워함이니이다
36 내 마음을 주의 증거들에게 향하게 하시고 탐
욕으로 향하지 말게 하소서
37 내 눈을 돌이켜 허탄한 것을 보지 말게 하시
고 주의 길에서 나를 살아나게 하소서
38 주를 경외하게 하는 주의 말씀을 주의 종에게
세우소서
39 내가 두려워하는 비방을 내게서 떠나게 하소
서 주의 규례들은 선하심이니이다
40 내가 주의 법도들을 사모하였사오니 주의 의

년 월 일 요일

로 나를 살아나게 하소서

41 여호와여 주의 말씀대로 주의 인자하심과 주

의 구원을 내게 임하게 하소서

42 그리하시면 내가 나를 비방하는 자들에게 대

답할 말이 있사오리니 내가 주의 말씀을 의지

함이니이다

43 진리의 말씀이 내 입에서 조금도 떠나지 말게

하소서 내가 주의 규례를 바랐음이니이다

44 내가 주의 율법을 항상 지키리이다 영원히 지

키리이다

45 내가 주의 법도들을 구하였사오니 자유롭게

걸어갈 것이오며

46 또 왕들 앞에서 주의 교훈들을 말할 때에 수치

를 당하지 아니하겠사오며

47 내가 사랑하는 주의 계명들을 스스로 즐거워

하며

48 또 내가 사랑하는 주의 계명들을 향하여 내 손

을 듣고 주의 율례들을 작은 소리로 읊조리리
이다
49 주의 종에게 하신 말씀을 기억하소서 주께서
내게 소망을 가지게 하셨나이다
50 이 말씀은 나의 고난 중의 위로라 주의 말씀
이 나를 살리셨기 때문이니이다
51 교만한 자들이 나를 심히 조롱하였어도 나는
주의 법을 떠나지 아니하였나이다
52 여호와여 주의 옛 규례들을 내가 기억하고 스
스로 위로하였나이다
53 주의 율법을 버린 악인들로 말미암아 내가 맹
렬한 분노에 사로잡혔나이다
54 내가 나그네 된 집에서 주의 율례들이 나의
노래가 되었나이다
55 여호와여 내가 밤에 주의 이름을 기억하고 주
의 법을 지켰나이다
56 내 소유는 이것이니 곧 주의 법도들을 지킨

것이니이다
57 여호와는 나의 분깃이시니 나는 주의 말씀을
지키리라 하였나이다
58 내가 전심으로 주께 간구하였사오니 주의 말
씀대로 내게 은혜를 베푸소서
59 내가 내 행위를 생각하고 주의 증거들을 향하
여 내 발길을 돌이켰사오며
60 주의 계명들을 지키기에 신속히 하고 지체하
지 아니하였나이다
61 악인들의 줄이 내게 두루 얽혔을지라도 나는
주의 법을 잊지 아니하였나이다
62 내가 주의 의로운 규례들로 말미암아 밤중에
일어나 주께 감사하리이다
63 나는 주를 경외하는 모든 자들과 주의 법도들
을 지키는 자들의 친구라
64 여호와여 주의 인자하심이 땅에 충만하였사
오니 주의 율례들로 나를 가르치소서

65 여호와여 주의 말씀대로 주의 종을 선대하셨
나이다
66 내가 주의 계명들을 믿었사오니 좋은 명철과
지식을 내게 가르치소서
67 고난 당하기 전에는 내가 그릇 행하였더니 이
제는 주의 말씀을 지키나이다
68 주는 선하사 선을 행하시오니 주의 율례들로
나를 가르치소서
69 교만한 자들이 거짓을 지어 나를 치려 하였사오
나 나는 전심으로 주의 법도들을 지키리이다
70 그들의 마음은 살져서 기름덩이 같으나 나는
주의 법을 즐거워하나이다
71 고난 당한 것이 내게 유익이라 이로 말미암아
내가 주의 율례들을 배우게 되었나이다
72 주의 입의 법이 내게는 천천 금은보다 좋으니
이다
73 주의 손이 나를 만들고 세우셨사오니 내가 깨

달아 주의 계명들을 배우게 하소서
74 주를 경외하는 자들이 나를 보고 기뻐하는 것
은 내가 주의 말씀을 바라는 까닭이니이다
75 여호와여 내가 알거니와 주의 심판은 의로우
시고 주께서 나를 괴롭게 하심은 성실하심 때
문이니이다
76 구하오니 주의 종에게 하신 말씀대로 주의 인
자하심이 나의 위안이 되게 하시며
77 주의 긍휼히 여기심이 내게 임하사 내가 살게
하소서 주의 법은 나의 즐거움이니이다
78 교만한 자들이 거짓으로 나를 엎드러뜨렸으
니 그들이 수치를 당하게 하소서 나는 주의 법
도들을 작은 소리로 읊조리리이다
79 주를 경외하는 자들이 내게 돌아오게 하소서
그리하시면 그들이 주의 증거들을 알리이다
80 내 마음으로 주의 율례들에 완전하게 하사 내
가 수치를 당하지 아니하게 하소서

81 나의 영혼이 주의 구원을 사모하기에 피곤하
오나 나는 주의 말씀을 바라나이다
82 나의 말이 주께서 언제나 나를 안위하실까 하
면서 내 눈이 주의 말씀을 바라기에 피곤하니
이다
83 내가 연기 속의 가죽 부대 같이 되었으나 주
의 율례들을 잊지 아니하나이다
84 주의 종의 날이 얼마나 되나이까 나를 핍박하
는 자들을 주께서 언제나 심판하시리이까
85 주의 법을 따르지 아니하는 교만한 자들이 나
를 해하려고 웅덩이를 팠나이다
86 주의 모든 계명들은 신실하니이다 그들이 이
유 없이 나를 핍박하오니 나를 도우소서
87 그들이 나를 세상에서 거의 멸하였으나 나는
주의 법도들을 버리지 아니하였사오니
88 주의 인자하심을 따라 나를 살아나게 하소서 그
리하시면 주의 입의 교훈들을 내가 지키리이다

89 여호와여 주의 말씀은 영원히 하늘에 굳게 섰
사오며
90 주의 성실하심은 대대에 이르나이다 주께서
땅을 세우셨으므로 땅이 항상 있사오니
91 천지가 주의 규례들대로 오늘까지 있음은 만
물이 주의 종이 된 까닭이니이다
92 주의 법이 나의 즐거움이 되지 아니하였더면
내가 내 고난 중에 멸망하였으리이다
93 내가 주의 법도들을 영원히 잊지 아니하오니 주
께서 이것들 때문에 나를 살게 하심이니이다
94 나는 주의 것이오니 나를 구원하소서 내가 주
의 법도들만을 찾았나이다
95 악인들이 나를 멸하려고 엿보오나 나는 주의
증거들만을 생각하겠나이다
96 내가 보니 모든 완전한 것이 다 끝이 있어도
주의 계명들은 심히 넓으니이다
97 내가 주의 법을 어찌 그리 사랑하는지요 내가

그것을 종일 작은 소리로 읊조리나이다
98 주의 계명들이 항상 나와 함께 하므로 그것들
이 나를 원수보다 지혜롭게 하나이다
99 내가 주의 증거들을 늘 읊조리므로 나의 명철
함이 나의 모든 스승보다 나으며
100 주의 법도들을 지키므로 나의 명철함이 노인
보다 나으니이다
101 내가 주의 말씀을 지키려고 발을 금하여 모든
악한 길로 가지 아니하였사오며
102 주께서 나를 가르치셨으므로 내가 주의 규례
들에서 떠나지 아니하였나이다
103 주의 말씀의 맛이 내게 어찌 그리 단지요 내
입에 꿀보다 더 다니이다
104 주의 법도들로 말미암아 내가 명철하게 되었
으므로 모든 거짓 행위를 미워하나이다
105 주의 말씀은 내 발에 등이요 내 길에 빛이니
이다

106 주의 의로운 규례들을 지키기로 맹세하고 굳
게 정하였나이다
107 나의 고난이 매우 심하오니 여호와여 주의 말
씀대로 나를 살아나게 하소서
108 여호와여 구하오니 내 입이 드리는 자원제물
을 받으시고 주의 공의를 내게 가르치소서
109 나의 생명이 항상 위기에 있사오나 나는 주의
법을 잊지 아니하나이다
110 악인들이 나를 해하려고 올무를 놓았사오나 나
는 주의 법도들에서 떠나지 아니하였나이다
111 주의 증거들로 내가 영원히 나의 기업을 삼았
사오니 이는 내 마음의 즐거움이 됨이니이다
112 내가 주의 율례들을 영원히 행하려고 내 마음
을 기울였나이다
113 내가 두 마음 품는 자들을 미워하고 주의 법을
사랑하나이다
114 주는 나의 은신처요 방패시라 내가 주의 말씀

을 바라나이다

115 너희 행악자들이여 나를 떠날지어다 나는 내
하나님의 계명들을 지키리로다

116 주의 말씀대로 나를 붙들어 살게 하시고 내
소망이 부끄럽지 않게 하소서

117 나를 붙드소서 그리하시면 내가 구원을 얻고
주의 율례들에 항상 주의하리이다

118 주의 율례들에서 떠나는 자는 주께서 다 멸시
하셨으니 그들의 속임수는 허무함이니이다

119 주께서 세상의 모든 악인들을 찌꺼기 같이 버
리시니 그러므로 내가 주의 증거들을 사랑하
나이다

120 내 육체가 주를 두려워함으로 떨며 내가 또
주의 심판을 두려워하나이다

121 내가 정의와 공의를 행하였사오니 나를 박해
하는 자들에게 나를 넘기지 마옵소서

122 주의 종을 보증하사 복을 얻게 하시고 교만한

보증(시 119:122) : 사물이나 사람에 대하여 틀림이 없음을 증명함 단어풀이

자들이 나를 박해하지 못하게 하소서
123 내 눈이 주의 구원과 주의 의로운 말씀을 사모
하기에 피곤하니이다
124 주의 인자하심대로 주의 종에게 행하사 내게
주의 율례들을 가르치소서
125 나는 주의 종이오니 나를 깨닫게 하사 주의 증
거들을 알게 하소서
126 그들이 주의 법을 폐하였사오니 지금은 여호
와께서 일하실 때니이다
127 그러므로 내가 주의 계명들을 금 곧 순금보다
더 사랑하나이다
128 그러므로 내가 범사에 모든 주의 법도들을 바
르게 여기고 모든 거짓 행위를 미워하나이다
129 주의 증거들은 놀라우므로 내 영혼이 이를 지
키나이다
130 주의 말씀을 열면 빛이 비치어 우둔한 사람들
을 깨닫게 하나이다

131 내가 주의 계명들을 사모하므로 내가 입을 열
고 헐떡였나이다
132 주의 이름을 사랑하는 자들에게 베푸시던 대
로 내게 돌이키사 내게 은혜를 베푸소서
133 나의 발걸음을 주의 말씀에 굳게 세우시고 어
떤 죄악도 나를 주관하지 못하게 하소서
134 사람의 박해에서 나를 구원하소서 그리하시
면 내가 주의 법도들을 지키리이다
135 주의 얼굴을 주의 종에게 비추시고 주의 율례
로 나를 가르치소서
136 그들이 주의 법을 지키지 아니하므로 내 눈물
이 시냇물 같이 흐르나이다
137 여호와여 주는 의로우시고 주의 판단은 옳으
니이다
138 주께서 명령하신 증거들은 의롭고 지극히 성
실하니이다
139 내 대적들이 주의 말씀을 잊어버렸으므로 내

열정이 나를 삼켰나이다

140 주의 말씀이 심히 순수하므로 주의 종이 이를
사랑하나이다

141 내가 미천하여 멸시를 당하나 주의 법도를 잊
지 아니하였나이다

142 주의 의는 영원한 의요 주의 율법은 진리로소
이다

143 환난과 우환이 내게 미쳤으나 주의 계명은 나
의 즐거움이니이다

144 주의 증거들은 영원히 의로우시니 나로 하여
금 깨닫게 하사 살게 하소서

145 여호와여 내가 전심으로 부르짖었사오니 내게
응답하소서 내가 주의 교훈들을 지키리이다

146 내가 주께 부르짖었사오니 나를 구원하소서
내가 주의 증거들을 지키리이다

147 내가 날이 밝기 전에 부르짖으며 주의 말씀을
바랐사오며

148 주의 말씀을 조용히 읊조리려고 내가 새벽녘
에 눈을 떴나이다
149 주의 인자하심을 따라 내 소리를 들으소서 여
호와여 주의 규례들을 따라 나를 살리소서
150 악을 따르는 자들이 가까이 왔사오니 그들은
주의 법에서 머니이다
151 여호와여 주께서 가까이 계시오니 주의 모든
계명들은 진리니이다
152 내가 전부터 주의 증거들을 알고 있었으므로
주께서 영원히 세우신 것인 줄을 알았나이다
153 나의 고난을 보시고 나를 건지소서 내가 주의
율법을 잊지 아니함이니이다
154 주께서 나를 변호하시고 나를 구하사 주의 말
씀대로 나를 살리소서
155 구원이 악인들에게서 멀어짐은 그들이 주의
율례들을 구하지 아니함이니이다
156 여호와여 주의 긍휼이 많으오니 주의 규례들

년 월 일 요일

에 따라 나를 살리소서
157 나를 핍박하는 자들과 나의 대적들이 많으나
나는 주의 증거들에서 떠나지 아니하였나이다
158 주의 말씀을 지키지 아니하는 거짓된 자들을
내가 보고 슬퍼하였나이다
159 내가 주의 법도들을 사랑함을 보옵소서 여호
와여 주의 인자하심을 따라 나를 살리소서
160 주의 말씀의 강령은 진리이오니 주의 의로운
모든 규례들은 영원하리이다
161 고관들이 거짓으로 나를 핍박하오나 나의 마
음은 주의 말씀만 경외하나이다
162 사람이 많은 탈취물을 얻은 것처럼 나는 주의
말씀을 즐거워하나이다
163 나는 거짓을 미워하며 싫어하고 주의 율법을
사랑하나이다
164 주의 의로운 규례들로 말미암아 내가 하루 일
곱 번씩 주를 찬양하나이다

단어풀이 강령(시 119:160) : 모든 것의 기본이 되는 기준을 요약해서 기록한 것

165 주의 법을 사랑하는 자에게는 큰 평안이 있으니 그들에게 장애물이 없으리이다
166 여호와여 내가 주의 구원을 바라며 주의 계명들을 행하였나이다
167 내 영혼이 주의 증거들을 지켰사오며 내가 이를 지극히 사랑하나이다
168 내가 주의 법도들과 증거들을 지켰사오니 나의 모든 행위가 주 앞에 있음이니이다
169 여호와여 나의 부르짖음이 주의 앞에 이르게 하시고 주의 말씀대로 나를 깨닫게 하소서
170 나의 간구가 주의 앞에 이르게 하시고 주의 말씀대로 나를 건지소서
171 주께서 율례를 내게 가르치시므로 내 입술이 주를 찬양하리이다
172 주의 모든 계명들이 의로우므로 내 혀가 주의 말씀을 노래하리이다
173 내가 주의 법도들을 택하였사오니 주의 손이

항상 나의 도움이 되게 하소서
174 여호와여 내가 주의 구원을 사모하였사오며
주의 율법을 즐거워하나이다
175 내 영혼을 살게 하소서 그리하시면 주를 찬송
하리이다 주의 규례들이 나를 돕게 하소서
176 잃은 양 같이 내가 방황하오니 주의 종을 찾
으소서 내가 주의 계명들을 잊지 아니함이니
이다

120 [성전에 올라가는 노래]

1 내가 환난 중에 여호와께 부르짖
었더니 내게 응답하셨도다
2 여호와여 거짓된 입술과 속이는 혀에서 내 생
명을 건져 주소서
3 너 속이는 혀여 무엇을 네게 주며 무엇을 네
게 더할꼬
4 장사의 날카로운 화살과 로뎀 나무 숯불이리

단어풀이 장사(시 120:4) : 힘이 아주 센 사람(용사)

로다
5 메섹에 머물며 게달의 장막 중에 머무는 것이
내게 화로다
6 내가 화평을 미워하는 자들과 함께 오래 거주
하였도다
7 나는 화평을 원할지라도 내가 말할 때에 그들
은 싸우려 하는도다

121

[성전에 올라가는 노래]

1 내가 산을 향하여 눈을 들리라 나
의 도움이 어디서 올까
2 나의 도움은 천지를 지으신 여호와에게서로다
3 여호와께서 너를 실족하지 아니하게 하시며
너를 지키시는 이가 졸지 아니하시리로다
4 이스라엘을 지키시는 이는 졸지도 아니하시
고 주무시지도 아니하시리로다
5 여호와는 너를 지키시는 이시라 여호와께서

네 오른쪽에서 네 그늘이 되시나니
6 낮의 해가 너를 상하게 하지 아니하며 밤의 달
도 너를 해치지 아니하리로다
7 여호와께서 너를 지켜 모든 환난을 면하게 하
시며 또 네 영혼을 지키시리로다
8 여호와께서 너의 출입을 지금부터 영원까지
지키시리로다

122

[다윗의 시 곧 성전에 올라가는 노래]

1 사람이 내게 말하기를 여호와의
집에 올라가자 할 때에 내가 기뻐하였도다
2 예루살렘아 우리 발이 네 성문 안에 섰도다
3 예루살렘아 너는 잘 짜여진 성읍과 같이 건설
되었도다
4 지파들 곧 여호와의 지파들이 여호와의 이름
에 감사하려고 이스라엘의 전례대로 그리로
올라가는도다

5 거기에 심판의 보좌를 두셨으니 곧 다윗의 집
의 보좌로다
6 예루살렘을 위하여 평안을 구하라 예루살렘
을 사랑하는 자는 형통하리로다
7 네 성 안에는 평안이 있고 네 궁중에는 형통
함이 있을지어다
8 내가 내 형제와 친구를 위하여 이제 말하리니
네 가운데에 평안이 있을지어다
9 여호와 우리 하나님의 집을 위하여 내가 너를
위하여 복을 구하리로다

123

[성전에 올라가는 노래]

1 하늘에 계시는 주여 내가 눈을 들
어 주께 향하나이다
2 상전의 손을 바라보는 종들의 눈 같이, 여주
인의 손을 바라보는 여종의 눈 같이 우리의
눈이 여호와 우리 하나님을 바라보며 우리에

형통(시 122:7) : 모든 일이 뜻대로 잘되어 감 단어풀이

게 은혜 베풀어 주시기를 기다리나이다
3 여호와여 우리에게 은혜를 베푸시고 또 은혜를
베푸소서 심한 멸시가 우리에게 넘치나이다
4 안일한 자의 조소와 교만한 자의 멸시가 우리
영혼에 넘치나이다

124

[다윗의 시 곧 성전에 올라가는 노래]

1 이스라엘은 이제 말하기를 여호
와께서 우리 편에 계시지 아니하
셨더라면 우리가 어떻게 하였으랴
2 사람들이 우리를 치러 일어날 때에 여호와께
서 우리 편에 계시지 아니하셨더라면
3 그 때에 그들의 노여움이 우리에게 맹렬하여
우리를 산채로 삼켰을 것이며
4 그 때에 물이 우리를 휩쓸며 시내가 우리 영혼
을 삼켰을 것이며
5 그 때에 넘치는 물이 우리 영혼을 삼켰을 것이

단어풀이 멸시(시 123:3) : 다른 사람이나 사물을 깔보거나 하찮게 여김 | 맹렬(시 124:3) : 몹시 사납고 세참

라 할 것이로다
6 우리를 내주어 그들의 이에 씹히지 아니하게
하신 여호와를 찬송할지로다
7 우리의 영혼이 사냥꾼의 올무에서 벗어난 새
같이 되었나니 올무가 끊어지므로 우리가 벗
어났도다
8 우리의 도움은 천지를 지으신 여호와의 이름
에 있도다

125 [성전에 올라가는 노래]

1 여호와를 의지하는 자는 시온 산
이 흔들리지 아니하고 영원히 있음 같도다
2 산들이 예루살렘을 두름과 같이 여호와께서 그
의 백성을 지금부터 영원까지 두르시리로다
3 악인의 규가 의인들의 땅에서는 그 권세를 누
리지 못하리니 이는 의인들로 하여금 죄악에
손을 대지 아니하게 함이로다

4 여호와여 선한 자들과 마음이 정직한 자들에
게 선대하소서
5 자기의 굽은 길로 치우치는 자들은 여호와께
서 죄를 범하는 자들과 함께 다니게 하시리로
다 이스라엘에게는 평강이 있을지어다

126 [성전에 올라가는 노래]

1 여호와께서 시온의 포로를 돌려
보내실 때에 우리는 꿈꾸는 것 같았도다
2 그 때에 우리 입에는 웃음이 가득하고 우리 혀
에는 찬양이 찼었도다 그 때에 뭇 나라 가운데
에서 말하기를 여호와께서 그들을 위하여 큰
일을 행하셨다 하였도다
3 여호와께서 우리를 위하여 큰 일을 행하셨으
니 우리는 기쁘도다
4 여호와여 우리의 포로를 남방 시내들 같이 돌
려 보내소서

5 눈물을 흘리며 씨를 뿌리는 자는 기쁨으로 거
두리로다
6 울며 씨를 뿌리러 나가는 자는 반드시 기쁨으
로 그 곡식 단을 가지고 돌아오리로다

127 [솔로몬의 시 곧 성전에 올라가는 노래]

1 여호와께서 집을 세우지 아니하
시면 세우는 자의 수고가 헛되며 여호와께서
성을 지키지 아니하시면 파수꾼의 깨어 있음
이 헛되도다
2 너희가 일찍이 일어나고 늦게 누우며 수고의
떡을 먹음이 헛되도다 그러므로 여호와께서
그의 사랑하시는 자에게는 잠을 주시는도다
3 보라 자식들은 여호와의 기업이요 태의 열매
는 그의 상급이로다
4 젊은 자의 자식은 장사의 수중의 화살 같으니
5 이것이 그의 화살통에 가득한 자는 복되도다

그들이 성문에서 그들의 원수와 담판할 때에
수치를 당하지 아니하리로다

128

[성전에 올라가는 노래]

1 여호와를 경외하며 그의 길을 걷
는 자마다 복이 있도다
2 네가 네 손이 수고한 대로 먹을 것이라 네가
복되고 형통하리로다
3 네 집 안방에 있는 네 아내는 결실한 포도나무
같으며 네 식탁에 둘러 앉은 자식들은 어린 감
람나무 같으리로다
4 여호와를 경외하는 자는 이같이 복을 얻으리
로다
5 여호와께서 시온에서 네게 복을 주실지어다
너는 평생에 예루살렘의 번영을 보며
6 네 자식의 자식을 볼지어다 이스라엘에게 평
강이 있을지로다

단어풀이 담판(시 127:5) : 일정한 문제를 해결하기 위해 쌍방이 서로 의논하여 시비를 가림

129

[성전에 올라가는 노래]

1 이스라엘은 이제 말하기를 그들
이 내가 어릴 때부터 여러 번나를 괴롭혔도다
2 그들이 내가 어릴 때부터 여러 번 나를 괴롭
혔으나 나를 이기지 못하였도다
3 밭 가는 자들이 내 등을 갈아 그 고랑을 길게
지었도다
4 여호와께서는 의로우사 악인들의 줄을 끊으
셨도다
5 무릇 시온을 미워하는 자들은 수치를 당하여
물러갈지어다
6 그들은 지붕의 풀과 같을지어다 그것은 자라
기 전에 마르는 것이라
7 이런 것은 베는 자의 손과 묶는 자의 품에 차
지 아니하나니
8 지나가는 자들도 여호와의 복이 너희에게 있
을지어다 하거나 우리가 여호와의 이름으로

고랑(시 129:3) : 두둑한 두 땅 사이에 좁게 들어간 곳 단어풀이

너희에게 축복한다 하지 아니하느니라

130

[성전에 올라가는 노래]

1 여호와여 내가 깊은 곳에서 주께
부르짖었나이다
2 주여 내 소리를 들으시며 나의 부르짖는 소리
에 귀를 기울이소서
3 여호와여 주께서 죄악을 지켜보실진대 주여
누가 서리이까
4 그러나 사유하심이 주께 있음은 주를 경외하
게 하심이니이다
5 나 곧 내 영혼은 여호와를 기다리며 나는 주의
말씀을 바라는도다
6 파수꾼이 아침을 기다림보다 내 영혼이 주를
더 기다리나니 참으로 파수꾼이 아침을 기다
림보다 더하도다
7 이스라엘아 여호와를 바랄지어다 여호와께서

는 인자하심과 풍성한 속량이 있음이라
8 그가 이스라엘을 그의 모든 죄악에서 속량하
시리로다

131

[다윗의 시 곧 성전에 올라가는 노래]

1 여호와여 내 마음이 교만하지 아
니하고 내 눈이 오만하지 아니하오며 내가 큰
일과 감당하지 못할 놀라운 일을 하려고 힘쓰
지 아니하나이다
2 실로 내가 내 영혼으로 고요하고 평온하게 하
기를 젖 뗀 아이가 그의 어머니 품에 있음 같
게 하였나니 내 영혼이 젖 뗀 아이와 같도다
3 이스라엘아 지금부터 영원까지 여호와를 바
랄지어다

132

[성전에 올라가는 노래]

1 여호와여 다윗을 위하여 그의 모

든 겸손을 기억하소서
2 그가 여호와께 맹세하며 야곱의 전능자에게
서원하기를
3 내가 내 장막 집에 들어가지 아니하며 내 침상
에 오르지 아니하고
4 내 눈으로 잠들게 하지 아니하며 내 눈꺼풀로
졸게 하지 아니하기를
5 여호와의 처소 곧 야곱의 전능자의 성막을 발
견하기까지 하리라 하였나이다
6 우리가 그것이 에브라다에 있다 함을 들었더
니 나무 밭에서 찾았도다
7 우리가 그의 계신 곳으로 들어가서 그의 발등
상 앞에서 엎드려 예배하리로다
8 여호와여 일어나사 주의 권능의 궤와 함께 평
안한 곳으로 들어가소서
9 주의 제사장들은 의를 옷 입고 주의 성도들은
즐거이 외칠지어다

단어풀이 침상(시 132:3) : 편안하게 누워 잘 수 있도록 만든 평상

년 월 일 요일

10 주의 종 다윗을 위하여 주의 기름 부음 받은
자의 얼굴을 외면하지 마옵소서
11 여호와께서 다윗에게 성실히 맹세하셨으니
변하지 아니하실지라 이르시기를 네 몸의 소
생을 네 왕위에 둘지라
12 네 자손이 내 언약과 그들에게 교훈하는 내
증거를 지킬진대 그들의 후손도 영원히 네 왕
위에 앉으리라 하셨도다
13 여호와께서 시온을 택하시고 자기 거처를 삼
고자 하여 이르시기를
14 이는 내가 영원히 쉴 곳이라 내가 여기 거주
할 것은 이를 원하였음이로다
15 내가 이 성의 식료품에 풍족히 복을 주고 떡
으로 그 빈민을 만족하게 하리로다
16 내가 그 제사장들에게 구원을 옷 입히리니 그
성도들은 즐거이 외치리로다
17 내가 거기서 다윗에게 뿔이 나게 할 것이라

빈민(시 132:15) : 살림이 어렵고 가난한 백성 단어풀이

내가 내 기름 부음 받은 자를 위하여 등을 준
비하였도다
18 내가 그의 원수에게는 수치를 옷 입히고 그에
게는 왕관이 빛나게 하리라 하셨도다

133 [다윗의 시 곧 성전에 올라가는 노래]

1 보라 형제가 연합하여 동거함이
어찌 그리 선하고 아름다운고
2 머리에 있는 보배로운 기름이 수염 곧 아론의
수염에 흘러서 그의 옷깃까지 내림 같고
3 헐몬의 이슬이 시온의 산들에 내림 같도다 거
기서 여호와께서 복을 명령하셨나니 곧 영생
이로다

134 [성전에 올라가는 노래]

1 보라 밤에 여호와의 성전에 서 있
는 여호와의 모든 종들아 여호와를 송축하라

2 성소를 향하여 너희 손을 들고 여호와를 송축
하라
3 천지를 지으신 여호와께서 시온에서 네게 복
을 주실지어다

135

1 할렐루야 여호와의 이름을 찬송
하라 여호와의 종들아 찬송하라
2 여호와의 집 우리 여호와의 성전 곧 우리 하
나님의 성전 뜰에 서 있는 너희여
3 여호와를 찬송하라 여호와는 선하시며 그의
이름이 아름다우니 그의 이름을 찬양하라
4 여호와께서 자기를 위하여 야곱 곧 이스라엘
을 자기의 특별한 소유로 택하셨음이로다
5 내가 알거니와 여호와께서는 위대하시며 우
리 주는 모든 신들보다 위대하시도다
6 여호와께서 그가 기뻐하시는 모든 일을 천지
와 바다와 모든 깊은 데서 다 행하셨도다

년 월 일 요일

7 안개를 땅 끝에서 일으키시며 비를 위하여 번개
를 만드시며 바람을 그 곳간에서 내시는도다
8 그가 애굽의 처음 난 자를 사람부터 짐승까지
치셨도다
9 애굽이여 여호와께서 네게 행한 표적들과 징
조들을 바로와 그의 모든 신하들에게 보내셨
도다
10 그가 많은 나라를 치시고 강한 왕들을 죽이셨
나니
11 곧 아모리인의 왕 시혼과 바산 왕 옥과 가나안
의 모든 국왕이로다
12 그들의 땅을 기업으로 주시되 자기 백성 이스
라엘에게 기업으로 주셨도다
13 여호와여 주의 이름이 영원하시니이다 여호
와여 주를 기념함이 대대에 이르리이다
14 여호와께서 자기 백성을 판단하시며 그의 종
들로 말미암아 위로를 받으시리로다

단어풀이 곳간(시 135:7) : 식량이나 물건 따위를 간직해 보관하는 곳

15 열국의 우상은 은금이요 사람의 손으로 만든
것이라
16 입이 있어도 말하지 못하며 눈이 있어도 보지
못하며
17 귀가 있어도 듣지 못하며 그들의 입에는 아무
호흡도 없나니
18 그것을 만든 자와 그것을 의지하는 자가 다
그것과 같으리로다
19 이스라엘 족속아 여호와를 송축하라 아론의
족속아 여호와를 송축하라
20 레위 족속아 여호와를 송축하라 여호와를 경
외하는 너희들아 여호와를 송축하라
21 예루살렘에 계시는 여호와는 시온에서 찬송
을 받으실지어다 할렐루야

136

1 여호와께 감사하라 그는 선하시
며 그 인자하심이 영원함이로다

열국(시 135:15) : 여러 나라 단어풀이

2 신들 중에 뛰어난 하나님께 감사하라 그 인자
하심이 영원함이로다
3 주들 중에 뛰어난 주께 감사하라 그 인자하심
이 영원함이로다
4 홀로 큰 기이한 일들을 행하시는 이에게 감사
하라 그 인자하심이 영원함이로다
5 지혜로 하늘을 지으신 이에게 감사하라 그 인
자하심이 영원함이로다
6 땅을 물 위에 펴신 이에게 감사하라 그 인자하
심이 영원함이로다
7 큰 빛들을 지으신 이에게 감사하라 그 인자하
심이 영원함이로다
8 해로 낮을 주관하게 하신 이에게 감사하라 그
인자하심이 영원함이로다
9 달과 별들로 밤을 주관하게 하신 이에게 감사
하라 그 인자하심이 영원함이로다
10 애굽의 장자를 치신 이에게 감사하라 그 인자

하심이 영원함이로다
11 이스라엘을 그들 중에서 인도하여 내신 이에
게 감사하라 그 인자하심이 영원함이로다
12 강한 손과 펴신 팔로 인도하여 내신 이에게
감사하라 그 인자하심이 영원함이로다
13 홍해를 가르신 이에게 감사하라 그 인자하심
이 영원함이로다
14 이스라엘을 그 가운데로 통과하게 하신 이에
게 감사하라 그 인자하심이 영원함이로다
15 바로와 그의 군대를 홍해에 엎드러뜨리신 이
에게 감사하라 그 인자하심이 영원함이로다
16 그의 백성을 인도하여 광야를 통과하게 하신
이에게 감사하라 그 인자하심이 영원함이로다
17 큰 왕들을 치신 이에게 감사하라 그 인자하심
이 영원함이로다
18 유명한 왕들을 죽이신 이에게 감사하라 그 인
자하심이 영원함이로다

19 아모리인의 왕 시혼을 죽이신 이에게 감사하
라 그 인자하심이 영원함이로다
20 바산 왕 옥을 죽이신 이에게 감사하라 그 인자
하심이 영원함이로다
21 그들의 땅을 기업으로 주신 이에게 감사하라
그 인자하심이 영원함이로다
22 곧 그 종 이스라엘에게 기업으로 주신 이에게
감사하라 그 인자하심이 영원함이로다
23 우리를 비천한 가운데에서도 기억해 주신 이
에게 감사하라 그 인자하심이 영원함이로다
24 우리를 우리의 대적에게서 건지신 이에게 감
사하라 그 인자하심이 영원함이로다
25 모든 육체에게 먹을 것을 주신 이에게 감사하
라 그 인자하심이 영원함이로다
26 하늘의 하나님께 감사하라 그 인자하심이 영
원함이로다

단어풀이 비천(시 136:23) : 낮고 보잘것없음

137

1 우리가 바벨론의 여러 강변 거기
에 앉아서 시온을 기억하며 울었
도다
2 그 중의 버드나무에 우리가 우리의 수금을 걸
었나니
3 이는 우리를 사로잡은 자가 거기서 우리에게
노래를 청하며 우리를 황폐하게 한 자가 기쁨
을 청하고 자기들을 위하여 시온의 노래 중
하나를 노래하라 함이로다
4 우리가 이방 땅에서 어찌 여호와의 노래를 부
를까
5 예루살렘아 내가 너를 잊을진대 내 오른손이
그의 재주를 잊을지로다
6 내가 예루살렘을 기억하지 아니하거나 내가
가장 즐거워하는 것보다 더 즐거워하지 아니
할진대 내 혀가 내 입천장에 붙을지로다
7 여호와여 예루살렘이 멸망하던 날을 기억하

년 월 일 요일

시고 에돔 자손을 치소서 그들의 말이 헐어 버
리라 헐어 버리라 그 기초까지 헐어 버리라 하
였나이다
8 멸망할 딸 바벨론아 네가 우리에게 행한 대로
네게 갚는 자가 복이 있으리로다
9 네 어린 것들을 바위에 메어치는 자는 복이 있
으리로다

138

[다윗의 시]

1 내가 전심으로 주께 감사하며 신
들 앞에서 주께 찬송하리이다
2 내가 주의 성전을 향하여 예배하며 주의 인자
하심과 성실하심으로 말미암아 주의 이름에
감사하오리니 이는 주께서 주의 말씀을 주의
모든 이름보다 높게 하셨음이라
3 내가 간구하는 날에 주께서 응답하시고 내 영
혼에 힘을 주어 나를 강하게 하셨나이다

4 여호와여 세상의 모든 왕들이 주께 감사할 것
은 그들이 주의 입의 말씀을 들음이오며
5 그들이 여호와의 도를 노래할 것은 여호와의
영광이 크심이니이다
6 여호와께서는 높이 계셔도 낮은 자를 굽어살
피시며 멀리서도 교만한 자를 아심이니이다
7 내가 환난 중에 다닐지라도 주께서 나를 살아
나게 하시고 주의 손을 펴사 내 원수들의 분
노를 막으시며 주의 오른손이 나를 구원하시
리이다
8 여호와께서 나를 위하여 보상해 주시리이다
여호와여 주의 인자하심이 영원하오니 주의
손으로 지으신 것을 버리지 마옵소서

139

[다윗의 시, 인도자를 따라 부르는 노래]

1 여호와여 주께서 나를 살펴 보셨
으므로 나를 아시나이다

년 월 일 요일

2 주께서 내가 앉고 일어섬을 아시고 멀리서도
나의 생각을 밝히 아시오며
3 나의 모든 길과 내가 눕는 것을 살펴 보셨으므
로 나의 모든 행위를 익히 아시오니
4 여호와여 내 혀의 말을 알지 못하시는 것이 하
나도 없으시니이다
5 주께서 나의 앞뒤를 둘러싸시고 내게 안수하
셨나이다
6 이 지식이 내게 너무 기이하니 높아서 내가 능
히 미치지 못하나이다
7 내가 주의 영을 떠나 어디로 가며 주의 앞에서
어디로 피하리이까
8 내가 하늘에 올라갈지라도 거기 계시며 스올
에 내 자리를 펼지라도 거기 계시니이다
9 내가 새벽 날개를 치며 바다 끝에 가서 거주
할지라도
10 거기서도 주의 손이 나를 인도하시며 주의 오

큰손이 나를 붙드시리이다

11 내가 혹시 말하기를 흑암이 반드시 나를 덮고

나를 두른 빛은 밤이 되리라 할지라도

12 주에게서는 흑암이 숨기지 못하며 밤이 낮과

같이 비추이나니 주에게는 흑암과 빛이 같음

이니이다

13 주께서 내 내장을 지으시며 나의 모태에서 나

를 만드셨나이다

14 내가 주께 감사하옴은 나를 지으심이 심히 기

묘하심이라 주께서 하시는 일이 기이함을 내

영혼이 잘 아나이다

15 내가 은밀한 데서 지음을 받고 땅의 깊은 곳

에서 기이하게 지음을 받은 때에 나의 형체가

주의 앞에 숨겨지지 못하였나이다

16 내 형질이 이루어지기 전에 주의 눈이 보셨으

며 나를 위하여 정한 날이 하루도 되기 전에

주의 책에 다 기록이 되었나이다

기묘하심(시 139:14) : 놀랍고 신기하고 오묘함 | 형질(시 139:16) : 기준이 되는 모든 형태적 특징 단어풀이

17 하나님이여 주의 생각이 내게 어찌 그리 보배
로우신지요 그 수가 어찌 그리 많은지요
18 내가 세려고 할지라도 그 수가 모래보다 많도
소이다 내가 깰 때에도 여전히 주와 함께 있
나이다
19 하나님이여 주께서 반드시 악인을 죽이시리
이다 피 흘리기를 즐기는 자들아 나를 떠날지
어다
20 그들이 주를 대하여 악하게 말하며 주의 원수
들이 주의 이름으로 헛되이 맹세하나이다
21 여호와여 내가 주를 미워하는 자들을 미워하
지 아니하오며 주를 치러 일어나는 자들을 미
워하지 아니하나이까
22 내가 그들을 심히 미워하니 그들은 나의 원수
들이니이다
23 하나님이여 나를 살피사 내 마음을 아시며 나
를 시험하사 내 뜻을 아옵소서

24 내게 무슨 악한 행위가 있나 보시고 나를 영
원한 길로 인도하소서

140

[다윗의 시, 인도자를 따라 부르는 노래]

1 여호와여 악인에게서 나를 건지
시며 포악한 자에게서 나를 보전하소서
2 그들이 마음속으로 악을 꾀하고 싸우기 위하
여 매일 모이오며
3 뱀 같이 그 혀를 날카롭게 하니 그 입술 아래
에는 독사의 독이 있나이다(셀라)
4 여호와여 나를 지키사 악인의 손에 빠지지 않
게 하시며 나를 보전하사 포악한 자에게서 벗
어나게 하소서 그들은 나의 걸음을 밀치려 하
나이다
5 교만한 자가 나를 해하려고 올무와 줄을 놓으
며 길 곁에 그물을 치며 함정을 두었나이다
(셀라)

포악한(시 140:1) : 사납고 악독한 단어풀이

6 내가 여호와께 말하기를 주는 나의 하나님이
시니 여호와여 나의 간구하는 소리에 귀를 기
울이소서 하였나이다
7 내 구원의 능력이신 주 여호와여 전쟁의 날에
주께서 내 머리를 가려 주셨나이다
8 여호와여 악인의 소원을 허락하지 마시며 그
의 악한 꾀를 이루지 못하게 하소서 그들이 스
스로 높일까 하나이다(셀라)
9 나를 에워싸는 자들이 그들의 머리를 들 때에
그들의 입술의 재난이 그들을 덮게 하소서
10 뜨거운 숯불이 그들 위에 떨어지게 하시며 불
가운데와 깊은 웅덩이에 그들로 하여금 빠져
다시 일어나지 못하게 하소서
11 악담하는 자는 세상에서 굳게 서지 못하며 포
악한 자는 재앙이 따라서 패망하게 하리이다
12 내가 알거니와 여호와는 고난 당하는 자를 변
호해 주시며 궁핍한 자에게 정의를 베푸시리

이다
13 진실로 의인들이 주의 이름에 감사하며 정직
한 자들이 주의 앞에서 살리이다

141

[다윗의 시]

1 여호와여 내가 주를 불렀사오니
속히 내게 오시옵소서 내가 주께 부르짖을 때
에 내 음성에 귀를 기울이소서
2 나의 기도가 주의 앞에 분향함과 같이 되며 나
의 손 드는 것이 저녁 제사 같이 되게 하소서
3 여호와여 내 입에 파수꾼을 세우시고 내 입술
의 문을 지키소서
4 내 마음이 악한 일에 기울어 죄악을 행하는
자들과 함께 악을 행하지 말게 하시며 그들의
진수성찬을 먹지 말게 하소서
5 의인이 나를 칠지라도 은혜로 여기며 책망할
지라도 머리의 기름 같이 여겨서 내 머리가

이를 거절하지 아니할지라 그들의 재난 중에
도 내가 항상 기도하리로다
6 그들의 재판관들이 바위 곁에 내려 던져졌도
다 내 말이 달므로 무리가 들으리로다
7 사람이 밭 갈아 흙을 부스러뜨림 같이 우리의
해골이 스올 입구에 흩어졌도다
8 주 여호와여 내 눈이 주께 향하며 내가 주께
피하오니 내 영혼을 빈궁한 대로 버려 두지 마
옵소서
9 나를 지키사 그들이 나를 잡으려고 놓은 올무
와 악을 행하는 자들의 함정에서 벗어나게 하
옵소서
10 악인은 자기 그물에 걸리게 하시고 나만은 온
전히 면하게 하소서

142

[다윗이 굴에 있을 때에 지은 마스길 곧 기도]

1 내가 소리 내어 여호와께 부르짖

년 월 일 요일

으며 소리 내어 여호와께 간구하는도다
2 내가 내 원통함을 그의 앞에 토로하며 내 우
환을 그의 앞에 진술하는도다
3 내 영이 내 속에서 상할 때에도 주께서 내 길
을 아셨나이다 내가 가는 길에 그들이 나를
잡으려고 올무를 숨겼나이다
4 오른쪽을 살펴 보소서 나를 아는 이도 없고
나의 피난처도 없고 내 영혼을 돌보는 이도
없나이다
5 여호와여 내가 주께 부르짖어 말하기를 주는
나의 피난처시요 살아 있는 사람들의 땅에서
나의 분깃이시라 하였나이다
6 나의 부르짖음을 들으소서 나는 심히 비천하
니이다 나를 핍박하는 자들에게서 나를 건지
소서 그들은 나보다 강하니이다
7 내 영혼을 옥에서 이끌어 내사 주의 이름을
감사하게 하소서 주께서 나에게 갚아 주시리

토로(시 142:2) : 마음속에 품고 있는 생각이나 감정 따위를 다 드러내어 말함 단어풀이

니 의인들이 나를 두르리이다

143 [다윗의 시]

1 여호와여 내 기도를 들으시며 내
간구에 귀를 기울이시고 주의 진실과 의로 내
게 응답하소서
2 주의 종에게 심판을 행하지 마소서 주의 눈 앞
에는 의로운 인생이 하나도 없나이다
3 원수가 내 영혼을 핍박하며 내 생명을 땅에 엎
어서 나로 죽은 지 오랜 자 같이 나를 암흑 속
에 두었나이다
4 그러므로 내 심령이 속에서 상하며 내 마음이
내 속에서 참담하니이다
5 내가 옛날을 기억하고 주의 모든 행하신 것을
읊조리며 주의 손이 행하는 일을 생각하고
6 주를 향하여 손을 펴고 내 영혼이 마른 땅 같
이 주를 사모하나이다(셀라)

7 여호와여 속히 내게 응답하소서 내 영이 피곤
하니이다 주의 얼굴을 내게서 숨기지 마소서
내가 무덤에 내려가는 자 같을까 두려워하나
이다
8 아침에 나로 하여금 주의 인자한 말씀을 듣게
하소서 내가 주를 의뢰함이니이다 내가 다닐
길을 알게 하소서 내가 내 영혼을 주께 드림
이니이다
9 여호와여 나를 내 원수들에게서 건지소서 내
가 주께 피하여 숨었나이다
10 주는 나의 하나님이시니 나를 가르쳐 주의 뜻
을 행하게 하소서 주의 영은 선하시니 나를
공평한 땅에 인도하소서
11 여호와여 주의 이름을 위하여 나를 살리시고
주의 의로 내 영혼을 환난에서 끌어내소서
12 주의 인자하심으로 나의 원수들을 끊으시고
내 영혼을 괴롭게 하는 자를 다 멸하소서 나

는 주의 종이니이다

144

[다윗의 시]

1 나의 반석이신 여호와를 찬송하
리로다 그가 내 손을 가르쳐 싸우게 하시며 손
가락을 가르쳐 전쟁하게 하시는도다
2 여호와는 나의 사랑이시요 나의 요새이시요
나의 산성이시요 나를 건지시는 이시요 나의
방패이시니 내가 그에게 피하였고 그가 내 백
성을 내게 복종하게 하셨나이다
3 여호와여 사람이 무엇이기에 주께서 그를 알
아 주시며 인생이 무엇이기에 그를 생각하시
나이까
4 사람은 헛것 같고 그의 날은 지나가는 그림자
같으니이다
5 여호와여 주의 하늘을 드리우고 강림하시며
산들에 접촉하사 연기를 내게 하소서

6 번개를 번쩍이사 원수들을 흩으시며 주의 화
살을 쏘아 그들을 무찌르소서
7 위에서부터 주의 손을 펴사 나를 큰 물과 이
방인의 손에서 구하여 건지소서
8 그들의 입은 거짓을 말하며 그의 오른손은 거
짓의 오른손이니이다
9 하나님이여 내가 주께 새 노래로 노래하며 열
줄 비파로 주를 찬양하리이다
10 주는 왕들에게 구원을 베푸시는 자시요 그의
종 다윗을 그 해하려는 칼에서 구하시는 자시
니이다
11 이방인의 손에서 나를 구하여 건지소서 그들
의 입은 거짓을 말하며 그 오른손은 거짓의
오른손이니이다
12 우리 아들들은 어리다가 장성한 나무들과 같
으며 우리 딸들은 궁전의 양식대로 아름답게
다듬은 모퉁잇돌들과 같으며

13 우리의 곳간에는 백곡이 가득하며 우리의 양
은 들에서 천천과 만만으로 번성하며
14 우리 수소는 무겁게 실었으며 또 우리를 침노
하는 일이나 우리가 나아가 막는 일이 없으며
우리 거리에는 슬피 부르짖음이 없을진대
15 이러한 백성은 복이 있나니 여호와를 자기 하
나님으로 삼는 백성은 복이 있도다

145

[다윗의 찬송시]

1 왕이신 나의 하나님이여 내가 주
를 높이고 영원히 주의 이름을 송축하리이다
2 내가 날마다 주를 송축하며 영원히 주의 이름
을 송축하리이다
3 여호와는 위대하시니 크게 찬양할 것이라 그
의 위대하심을 측량하지 못하리로다
4 대대로 주께서 행하시는 일을 크게 찬양하며
주의 능한 일을 선포하리로다

단어풀이 백곡(시 144:13) : 온갖 곡식 | 침노(시 144:14) : 남의 나라를 침범하여 빼앗음

년 월 일 요일

5 주의 존귀하고 영광스러운 위엄과 주의 기이
한 일들을 나는 작은 소리로 읊조리리이다
6 사람들은 주의 두려운 일의 권능을 말할 것이
요 나도 주의 위대하심을 선포하리이다
7 그들이 주의 크신 은혜를 기념하여 말하며 주
의 의를 노래하리이다
8 여호와는 은혜로우시며 긍휼이 많으시며 노
하기를 더디 하시며 인자하심이 크시도다
9 여호와께서는 모든 것을 선대하시며 그 지으
신 모든 것에 긍휼을 베푸시는도다
10 여호와여 주께서 지으신 모든 것들이 주께 감
사하며 주의 성도들이 주를 송축하리이다
11 그들이 주의 나라의 영광을 말하며 주의 업적
을 일러서
12 주의 업적과 주의 나라의 위엄 있는 영광을
인생들에게 알게 하리이다
13 주의 나라는 영원한 나라이니 주의 통치는 대

위엄(시 145:12) : 존경할 만한 위세가 있고 엄숙함 단어풀이

대에 이르리이다
14 여호와께서는 모든 넘어지는 자들을 붙드시
며 비굴한 자들을 일으키시는도다
15 모든 사람의 눈이 주를 앙망하오니 주는 때를
따라 그들에게 먹을 것을 주시며
16 손을 펴사 모든 생물의 소원을 만족하게 하시
나이다
17 여호와께서는 그 모든 행위에 의로우시며 그
모든 일에 은혜로우시도다
18 여호와께서는 자기에게 간구하는 모든 자 곧
진실하게 간구하는 모든 자에게 가까이 하시
는도다
19 그는 자기를 경외하는 자들의 소원을 이루시
며 또 그들의 부르짖음을 들으사 구원하시리
로다
20 여호와께서 자기를 사랑하는 자들은 다 보호
하시고 악인들은 다 멸하시리로다

21 내 입이 여호와의 영예를 말하며 모든 육체가
그의 거룩하신 이름을 영원히 송축할지로다

146

1 할렐루야 내 영혼아 여호와를 찬
양하라
2 나의 생전에 여호와를 찬양하며 나의 평생에
내 하나님을 찬송하리로다
3 귀인들을 의지하지 말며 도울 힘이 없는 인생
도 의지하지 말지니
4 그의 호흡이 끊어지면 흙으로 돌아가서 그 날
에 그의 생각이 소멸하리로다
5 야곱의 하나님을 자기의 도움으로 삼으며 여
호와 자기 하나님에게 자기의 소망을 두는 자
는 복이 있도다
6 여호와는 천지와 바다와 그 중의 만물을 지으
시며 영원히 진실함을 지키시며
7 억눌린 사람들을 위해 정의로 심판하시며 주

귀인(시 146:3) : 신분이나 지위가 높은 사람 단어풀이

린 자들에게 먹을 것을 주시는 이시로다 여호
와께서는 갇힌 자들에게 자유를 주시는도다
8 여호와께서 맹인들의 눈을 여시며 여호와께
서 비굴한 자들을 일으키시며 여호와께서 의
인들을 사랑하시며
9 여호와께서 나그네들을 보호하시며 고아와
과부를 붙드시고 악인들의 길은 굽게 하시는
도다
10 시온아 여호와는 영원히 다스리시고 네 하나
님은 대대로 통치하시리로다 할렐루야

147

1 할렐루야 우리 하나님을 찬양하
는 일이 선함이여 찬송하는 일이
아름답고 마땅하도다
2 여호와께서 예루살렘을 세우시며 이스라엘의
흩어진 자들을 모으시며
3 상심한 자들을 고치시며 그들의 상처를 싸매

시는도다
4 그가 별들의 수효를 세시고 그것들을 다 이름
대로 부르시는도다
5 우리 주는 위대하시며 능력이 많으시며 그의
지혜가 무궁하시도다
6 여호와께서 겸손한 자들은 붙드시고 악인들
은 땅에 엎드러뜨리시는도다
7 감사함으로 여호와께 노래하며 수금으로 하
나님께 찬양할지어다
8 그가 구름으로 하늘을 덮으시며 땅을 위하여
비를 준비하시며 산에 풀이 자라게 하시며
9 들짐승과 우는 까마귀 새끼에게 먹을 것을 주
시는도다
10 여호와는 말의 힘이 세다 하여 기뻐하지 아니
하시며 사람의 다리가 억세다 하여 기뻐하지
아니하시고
11 여호와는 자기를 경외하는 자들과 그의 인자

하심을 바라는 자들을 기뻐하시는도다
12 예루살렘아 여호와를 찬송할지어다 시온아
네 하나님을 찬양할지어다
13 그가 네 문빗장을 견고히 하시고 네 가운데에
있는 너의 자녀들에게 복을 주셨으며
14 네 경내를 평안하게 하시고 아름다운 밀로 너
를 배불리시며
15 그의 명령을 땅에 보내시니 그의 말씀이 속히
달리는도다
16 눈을 양털 같이 내리시며 서리를 재 같이 흩
으시며
17 우박을 떡 부스러기 같이 뿌리시나니 누가 능
히 그의 추위를 감당하리요
18 그의 말씀을 보내사 그것들을 녹이시고 바람
을 불게 하신즉 물이 흐르는도다
19 그가 그의 말씀을 야곱에게 보이시며 그의 율
례와 규례를 이스라엘에게 보이시는도다

단어풀이 경내(시 147:14) : 일정한 지역이나 경계의 안

20 그는 어느 민족에게도 이와 같이 행하지 아니
하셨나니 그들은 그의 법도를 알지 못하였도
다 할렐루야

148

1 할렐루야 하늘에서 여호와를 찬
양하며 높은 데서 그를 찬양할지
어다
2 그의 모든 천사여 찬양하며 모든 군대여 그를
찬양할지어다
3 해와 달아 그를 찬양하며 밝은 별들아 다 그
를 찬양할지어다
4 하늘의 하늘도 그를 찬양하며 하늘 위에 있는
물들도 그를 찬양할지어다
5 그것들이 여호와의 이름을 찬양함은 그가 명
령하시므로 지음을 받았음이로다
6 그가 또 그것들을 영원히 세우시고 폐하지 못
할 명령을 정하셨도다

7 너희 용들과 바다여 땅에서 여호와를 찬양하라
8 불과 우박과 눈과 안개와 그의 말씀을 따르는
광풍이며
9 산들과 모든 작은 산과 과수와 모든 백향목이며
10 짐승과 모든 가축과 기는 것과 나는 새며
11 세상의 왕들과 모든 백성들과 고관들과 땅의
모든 재판관들이며
12 총각과 처녀와 노인과 아이들아
13 여호와의 이름을 찬양할지어다 그의 이름이
홀로 높으시며 그의 영광이 땅과 하늘 위에 뛰
어나심이로다
14 그가 그의 백성의 뿔을 높이셨으니 그는 모든
성도 곧 그를 가까이 하는 백성 이스라엘 자손
의 찬양 받을 이시로다 할렐루야

149

1 할렐루야 새 노래로 여호와께 노
래하며 성도의 모임 가운데에서

단어풀이 과수(시 148:9) : 먹을 수 있는 열매를 수확하기 위하여 키우는 나무를 통틀어 이르는 말

찬양할지어다
2 이스라엘은 자기를 지으신 이로 말미암아 즐
거워하며 시온의 주민은 그들의 왕으로 말미
암아 즐거워할지어다
3 춤 추며 그의 이름을 찬양하며 소고와 수금으
로 그를 찬양할지어다
4 여호와께서는 자기 백성을 기뻐하시며 겸손
한 자를 구원으로 아름답게 하심이로다
5 성도들은 영광 중에 즐거워하며 그들의 침상
에서 기쁨으로 노래할지어다
6 그들의 입에는 하나님에 대한 찬양이 있고 그
들의 손에는 두 날 가진 칼이 있도다
7 이것으로 뭇 나라에 보수하며 민족들을 벌하며
8 그들의 왕들은 사슬로, 그들의 귀인은 철고랑
으로 결박하고
9 기록한 판결대로 그들에게 시행할지로다 이런
영광은 그의 모든 성도에게 있도다 할렐루야

보수(시 149:7) : 남에게 해를 받은 만큼 해를 줌(복수) 단어풀이

150

1 할렐루야 그의 성소에서 하나님
을 찬양하며 그의 권능의 궁창에
서 그를 찬양할지어다
2 그의 능하신 행동을 찬양하며 그의 지극히 위
대하심을 따라 찬양할지어다
3 나팔 소리로 찬양하며 비파와 수금으로 찬양
할지어다
4 소고 치며 춤 추어 찬양하며 현악과 퉁소로찬
양할지어다
5 큰 소리 나는 제금으로 찬양하며 높은 소리 나
는 제금으로 찬양할지어다
6 호흡이 있는 자마다 여호와를 찬양할지어다
할렐루야

온가족 시편 따라쓰기(2권)

초판2쇄 : 2020년 11월 12일

발 행 인 : 황경자

발 행 처 : 도서출판 두돌비

등록번호 : 5-485호

주 소 : 서울시 중랑구 동일로 107길 12

전 화 : (02) 964-6993 | 팩스 : (02) 2208-0153

Homepage : www.153books.co.kr

E-mail : 153books@hanmail.net

ISBN 978-89-85583-70-1